見方・考え方を働かせる！

板書＆展開例
でよくわかる

中学公民

授業づくりの
教科書

澤田康介 著

明治図書

はじめに

　社会の変化はめまぐるしく，生成ＡＩの登場により教育のあり方も大きく変わろうとしています。ChatGPT は既存の情報から大量のアウトプットを出すことが得意であるため，教科書の掲載内容についても質問さえすれば，事実をいとも簡単に説明してくれます。私も ChatGPT を活用しますし，本書でも授業での活用例を紹介しています。しかし，ChatGPT を通して単に個別知識を調べただけでは，深い意味理解を促すことや，社会とのつながりは見出せないと考えます。授業を通して，自分で知識を獲得したり，友達の発言から「はっ」とする瞬間があるからこそ，子どもたちは深い意味理解に到達するのではないでしょうか。その前提として，子どもたちが楽しいと思える授業を行うことが大切です。そして，いわゆる公開授業のときだけ，とっておきの授業をするのではなく，日常的に楽しい授業を積み重ねていくことが大切だと考えます。

　中学校社会科の大家である安井俊夫氏は，「日常」の授業に関わり，次のように述べています。

> 教科書の「事実」を中心に授業を構成することが求められているとしても，それに軽重をつけ，考えさせるべきヤマ場を設定して，授業を起伏のあるものにする工夫も必要である。あるいは，「事実」を並べるにしても，ストーリー性をもたせるような順序で並べれば「知識羅列型」の授業を少しは脱却できる。

　中学校社会科では，毎時間かなり大量の「事実」を扱うことを要求されます。そのため，「日常」の授業では，それらの「事実」を中心に授業を構成せざるを得ません。本書も「日常」の授業を示すものですので，この制約内にあります。私自身も，中学校社会科の授業づくりをしていく中で，どのように「事実」を扱うか悪戦苦闘しています。しかし，事実ばかりを伝えることに終始していては，楽しい授業を準備し，子どもに力をつけることはできません。安井氏が述べるように授業のヤマ場をデザインし，子どもが「えっ?!」「どうして?!」と思うような場面をつくることで，子どもたちが主体的に知識を獲得することや活用することにつながるのだと考えます。日常的にこうした授業を積み重ねていくことで，本当の意味で子どもたちが力をつけられるのではないでしょうか。

　中学校公民的分野の学習では，日本国憲法に関する単元があります。子どもたちに「日本国憲法という言葉を聞いたことある人？」と問うと，クラスの９割が手を挙げます。しかし，

「日本国憲法ってなに？」と問うと，答えられる子どもはそうはいません。政治に関わることがらは，子どもにとっては馴染みが薄いため，興味・関心が弱くなりがちです。また，抽象的な内容も多いことから理解が難しくなってしまう場合があります。しかし，日常生活と関わりのある具体的な事例をできるだけ扱い，もの・ひと・ことがどのように動き，関わり合っているかを明らかにすることで，子どもたちも自分に引き付けて考えるきっかけになると考えます。

例えば，平等権に関する学習では，授業の導入場面で盲導犬に関するCM（AC JAPAN 日本盲導犬協会 CM「きみと一緒だから。」）を視聴します。動画の終盤でストップをかけ，CMの最後に流れる言葉を空欄にして提示します。空欄に入る言葉は「行けないところがある」です。盲導犬と一緒だからこそ生活しやすくなる人がいるにもかかわらず，

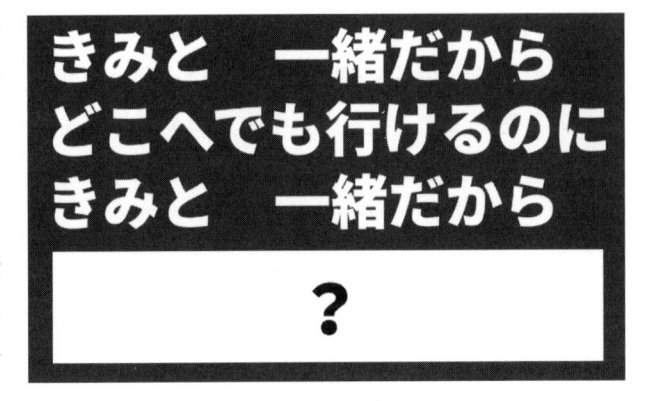

なぜ入店を拒否する店もあるのか考えるきっかけへとつなげていきます。盲導犬を街で見たことがある子どもも多いと思いますが，こうした何気ない日常の中にも，基本的人権とつながりがある場面が潜んでいることに気付かせていくことができます。

本書では，授業の導入から終末までの学習過程について，板書をもとにしながら紹介しています。本書の小学校シリーズの著者である朝倉一民氏も述べているように，授業について方法論的な「型」を生み出すべきではないと考えます。しかし，本書を手に取っていただいた先生方にわかりやすく，明日の実践に生きるような内容構成にしたいと考え，単元としての問題解決ではなく，一単位時間の問題解決ができるような授業も多く紹介しています。もちろん私自身も，日々試行錯誤しながら授業をしています。上手くいかなかった点，もっとこうしたらよいという点については，ぜひ工夫・改善しながら授業に臨んでいただければと思います。日常の授業の充実に向けて，授業の手引きにしていただければ，これ以上嬉しいことはありません。

澤田　康介

ONTENTS

「中学公民授業づくりの教科書　板書＆展開プラン」の使い方

☆2章の実践編は，下記のような項目で，授業の全体像をまとめました。読者の皆様の用途に合わせてご活用いただければ幸いです。

〇授業での板書（作品）例

〇本時のねらい（観点別）と評価のポイント

〇見方・考え方を働かせる授業デザイン

　①【導入】深い学びを生む「問い」（かかわる）

　②【展開】社会的事象の意味を見出す協働（つながる）

　③【まとめ】探究的な学びへとつなげるふり返り（創り出す）

1章

見方・考え方を働かせる！
中学公民授業デザイン

1 見方・考え方を働かせて探究的な学びを実現

　本書は中学校社会科公民的分野の学習内容について1時間ずつの展開を探究的な学びの視点でまとめたものです。2024年9月に公示された「今後の教育課程，学習指導及び学習評価等の在り方に関する有識者検討会　論点整理」では，「教科固有の見方・考え方」，「主体的・対話的で深い学び」，「習得・活用・探究」に加え，「個別最適な学びと協働的な学びの一体的な充実」の関係性を大切にしていくことが述べられています。探究的な学びを実現するには，探究課題を子どもに与えただけでは，多くの子どもが「えっ?!」「どうして?!」と思うことができるような授業にはなりにくいと考えます。そこで本書では，**深い学びを生む「問い」（導入）**，**社会的事象の意味を見出す協働（展開），探究的な学びへとつなげるふり返り（まとめ）**を整理し，問い・協働・探究を一体的に考えることで探究的な学びを実現できるようにしました。

　私は，人間の誰もが探究したいという知的好奇心があると考えます。それは，大人であろうが子どもであろうが同じであり，自分が「なぜ」「どうして」という疑問を一度もてば，「知りたい」「解決したい」と思うからです。この本を手にしている方も，スマートフォンで気になるネットニュースのタイトルがあれば，自然とタップしてニュースの中身を見ているのではないでしょうか？　YouTube などのショート動画でも，自分の関心のある動画をスライドしては視聴してを繰り返していることはないでしょうか？　私の経験上，「なるほど」「わかった」と感じる経験が多ければ多いほど，もっと「知りたい」と思うようになり，より興味をもつようになると考えます。それは授業においても同じです。一度そうした経験をすると，社会科に興味をもち，好きになることにつながるのではないかと考えます。社会科は，「好き嫌いがはっきり分かれる教科」「暗記教科」と言われることが多い教科です。しかし，日常的に子どもたちが「なぜ」「どうして」という疑問をもてるような授業を継続していけば，社会科好きの子どもたちも増えていくのではないでしょうか。

　社会科の授業は，子どもたちが自らの生活と社会を結び付け，「なるほど！」と感じられる時間であってほしいと願っています。日々の授業では，テストの点数を伸ばすことが確かに重要ですが，それ以上に，子どもたちが社会科の時間を「楽しみ」ながら，「学びの喜び」を実感できるようにしたいと考えています。

　本書は，子どもたちの生活や興味に根ざした「どの子どもも参加できる授業づくり」を目指した内容になっています。社会科の学びを通じて，目の前の子どもたちが，自分たちの地域や世界についての「見方・考え方」を深め，自分たちの未来を主体的に考える力を育む一助となることを心より願っています。

図1は探究的な学びのプロセスを踏まえた授業モデルです。こうして生徒は興味のあること や気になる社会的事象に出合うと学習意欲が喚起されると考えます。そこに自分の生活経験や 知っていることとの認識の「ずれ」があれば，さらに学習意欲は高まるのではないかと考えま す。そうした瞬間に問いが生まれ，問題解決意欲へとつながっていくものだと考えます。問い を解決していく過程で既習事項を活用したり，他の人の考えを参考にしながら考えたりするこ とは，知識の定着と考えの深まりにつながっていくはずです。そして，問いを解決できたとき の「なるほど」「わかった」という感覚を積み重ねることにより，次時の学習への意欲につな がっていくと考えます。以下に，「①深い学びを生む『問い』（導入）」，「②社会的事象の意味 を見出す協働（展開）」，「③探究的な学びへとつなげるふり返り（まとめ）」を示します。

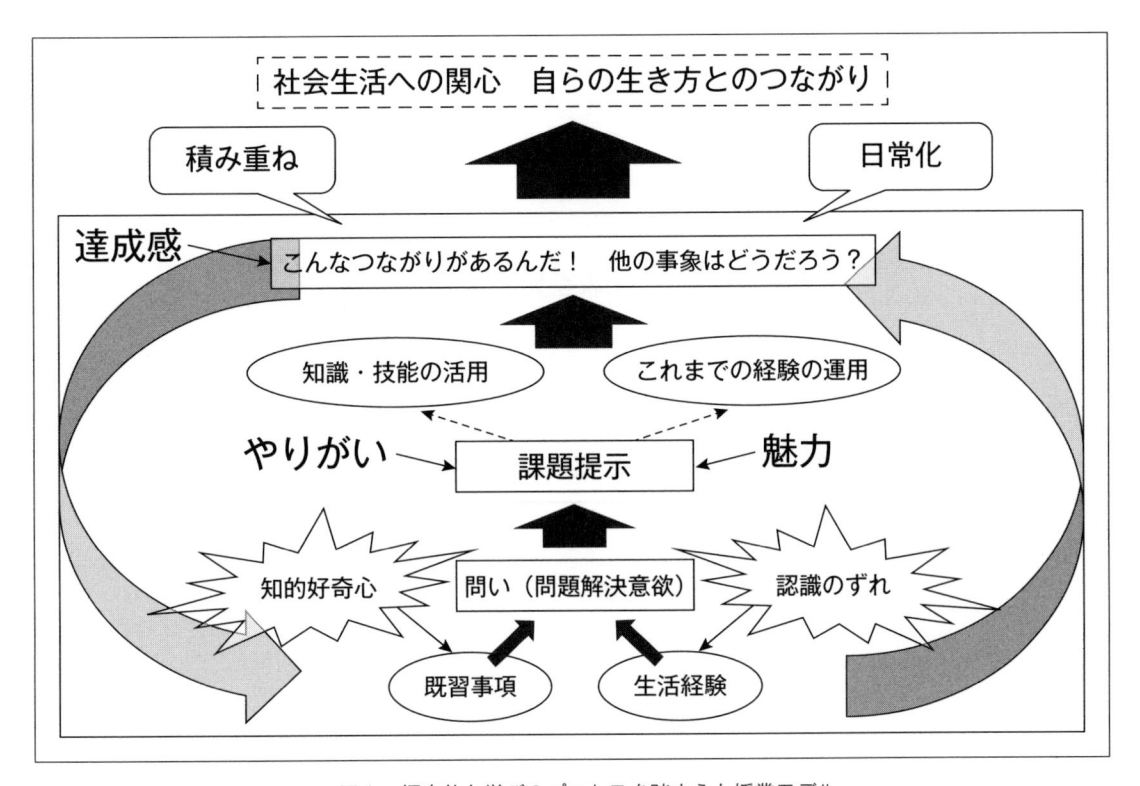

図1　探究的な学びのプロセスを踏まえた授業モデル

①深い学びを生む「問い」（導入）

　上田薫氏は授業における「ずれ」について述べています。授業における「ずれ」とは，教師 と子どもの間の反応や理解のくい違いであり，「『ずれ』があるからこそ，それを克服しようと 話合いが成立し，その克服を目指す過程で当初のくい違いはまたより深い内容をもった『ず れ』に発展する」と述べています。「ずれ」が，授業における問いとなり，それが次の問いへ

とつながっていると考えたとき，「ずれ」は問いの要件としても位置づけられる必要があります。本書では，問いの要件として，以下の３点を設定しました。

○矛盾やずれをもとに，「なぜ」という問いからのつながりがある。
○今までの経験だけでは解決が困難であるが，「何か工夫することで解決（思考・判断・表現）できそうだ」という見通しがもてる。
○生徒の知的好奇心がゆさぶられるような魅力がある。

しかし，こうした問いの要件が満たされた課題であったとしても，そこに向かうまでの問題意識や追究意欲を引き出さなければ授業は成立しないと考えます。有田和正氏は，「『わかる』ということはむずかしいことであり，私たちは想像以上に，『わかったつもり』のことを『わかった』と勘違いしている」と述べています。教科書の記述をひとつとっても，簡単だと思うようで，知らないことは多くあります。このように知っていそうなことでも，教師の働きかけにより「なぜ」「どうして」のような切実さを生み出すことが課題提示の際の前提となります。

②社会的事象の意味を見出す協働（展開）

子どもたち一人ひとりの考えを羅列するのでは，思考の広がりや深まりにはつながらないと考えます。また，「協働的な学び」といっても，単にグループワークを行うだけでは学びは深まりません。子どもにグループワークの必要感を抱かせるような工夫や，なぜグループワークを行うのかといった目的をもつことが大切です。

そのため，全体で考える場面において，話し合いの視点を明示したり，発問により教師がファシリテートしたりする必要があります。例えば，地産地消について考える際，「地元の農産

絞る発問	「だれが」「どこで」「いつ」など，人や場所，時間などに絞って問う際の発問
広げる発問	「どのように」と様子や方法を問い，追究させる際の発問
深める発問	「なぜ」と因果関係を問う際，その他の一般化を図る際，多面化・多角化を促す際の発問

物を地元で消費するとどんなよさがあるの？」「どうして地元の農家の方が作った物の方が安心できるのかな？」などと問い返しをすることで，子どもたちの考えを結び付けていきます。こうした発問のあり方について，宗實直樹氏が類型化しています。教師側で意図をもって発問をすることで子どもたちの話し合いの質もグッと上がります。

③探究的な学びへとつなげるふり返り（まとめ）

　この場面は一単位時間の授業におけるクライマックスです。授業におけるふり返りは，生徒が学んだことを整理し，理解を深めるための重要なプロセスです。自分の学びをふり返ることで，成功や課題を認識し，次回の学びに生かすことができます。また，自己評価を促し，自分の成長を実感する機会にもなります。以下に，ふり返りの例を示します。

文章で記述する	問いをふり返って調べたことやわかったことを記述する
	自分の学習状況をふり返って考えたこと（感想など）を記述する
キーワードで記述する	重要な言葉をもとに自分の考えを記述する
キャッチコピーをもとにまとめる	単元や本時で印象に残った言葉をもとに，地域や人物にキャッチコピーをつける
図表にまとめる	関係図などに整理することで，着目した情報（事実）や思考のプロセスを「見える化」する

2　板書構成について

　「ＩＣＴ機器が発達しているのだから板書は必要ない」という考えをみなさんはどのように考えるでしょうか。ＩＣＴ機器は授業をさらに充実させるものの，板書をなくしてしまうと思考の足場がひとつ失われてしまうと考えます。中村祐哉氏は構造化された板書の意義について「子供の思考の一助となり，『そもそも次なる探究（問い）が，なぜ生まれたのか』について，その源流を辿ること」ができると述べています。ＩＣＴ機器は保存性が低いというデメリットがありますが，板書はその時間内のことが残るため子どもたちにとって学びの経過をひと目で把握できます。

　本書では，板書を通して，この本を手に取っていただいた方に向けて実践を紹介しています。もちろん，全て実際に授業をした写真を掲載しています。同じ授業をしても同じような構造にはならないこともあるでしょう。しかし，若い先生やこれから教師を目指す学生の方にとっても，明日からの実践に生かせるよう板書を掲載しました。本書では，次の板書の型を基本としながら，ねらいに応じて構造を柔軟に変えています。

---

①問題解決型…問題解決の過程が見える
②話し合い型…立場や対立，考えの違いが見える

---

①問題解決型板書のポイント

問題解決型板書のポイントは以下の4点です。

①資料をもとに社会的事象と出合い，本時の問いを生む
②予想から検証の過程を整理する
③展開場面の学びを深める資料
④問いに対するまとめ

　社会科の王道とも言える流れであり，多くの先生方が日常的な授業において用いているかと思います。図2のように，問題解決型板書では問題解決のプロセスを左側から右側へと整理していきます。板書を見るとどのように問いを解決したのかがわかるため，多くの子どもが授業に参加しやすい板書の型であると考えます。

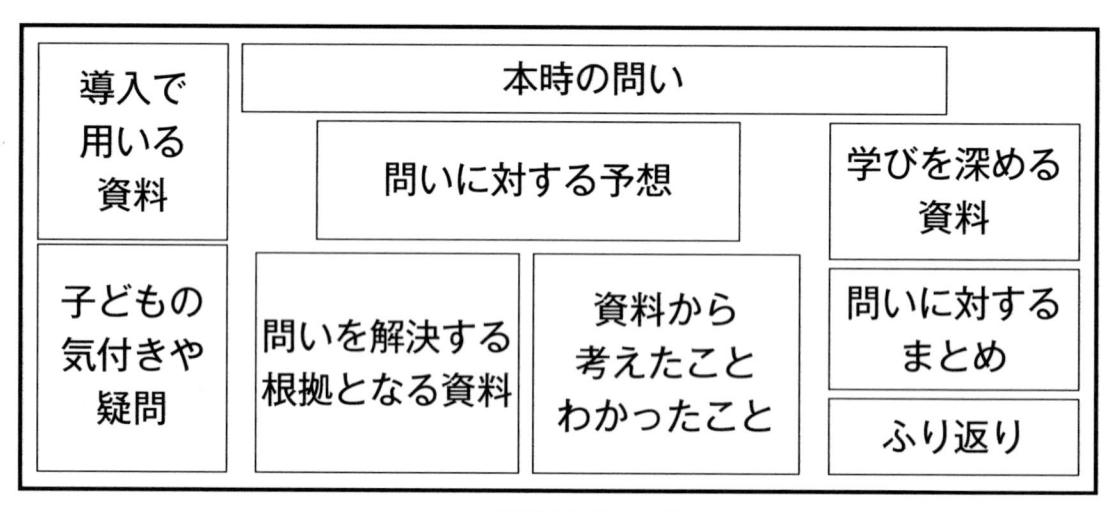

図2　問題解決型板書の様式

②話し合い型板書のポイント

話し合い型板書のポイントは以下の2点です。

①立場や考えを分けて整理する
②話し合いをもとに，新たな問いや考える視点を生み出す

図3からわかるように，話し合い型の板書ではありますが，その時間の問いがなければ子ど
もたちの追究意欲は掻き立てられないため，問題解決型と同じように問いを書き残しています。
問題解決型板書との違いは話し合いに時間をかけ，問いを生んだ上で子どもたちに委ねながら
考えをじっくり整理していくことです。勝ち負けを決めるディベートではなく学びを深めてい
くための話し合いです。子どもたち同士でやりとりする時間を確保することで共通点や相違点
が整理されるとともに，話し合い後に新たな問いを生み出したり，問い直しをしたりすること
につながっていきます。

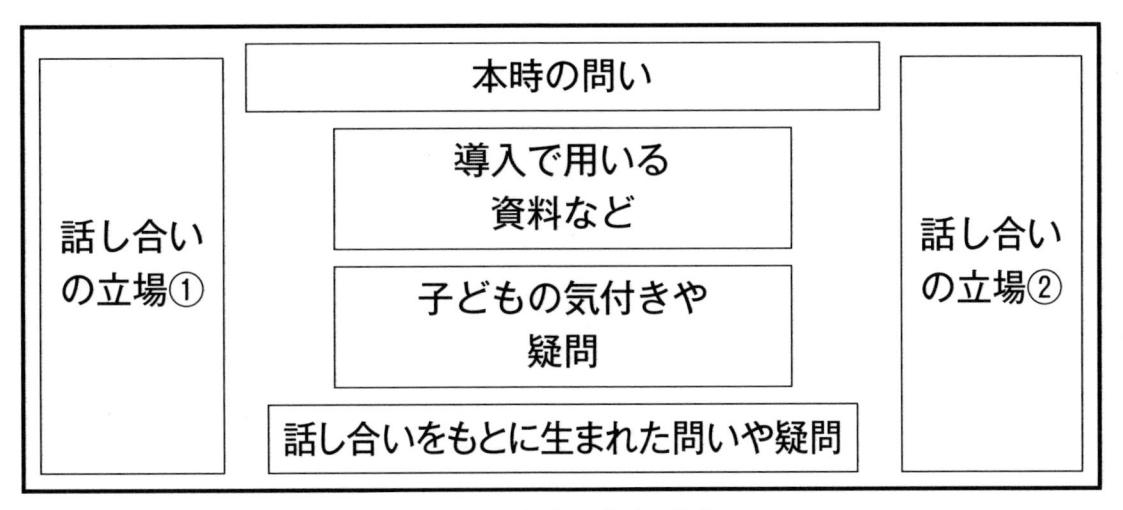

図3　話し合い型板書の様式

　日本の教育が大きな転換期を迎える今こそ，板書の価値が問われていると考えます。捉え方
によっては板書と聞くと一斉授業での一方的な教授と考える方もいるかもしれませんが，私は
「子どもたちが創り上げた学びの証」だと考えます。教師にとっては1時間の授業が何百回の
うちの1回でも，子どもたちにとっては二度と受けられないものだからこそ，板書を通してそ
の時間の学びを刻んでいきたいものです。

3 本書の読み方

【板書】

　1時間の授業の板書例です。本書では，多くの方が実践しやすいように一単位時間の問題解決の板書にしています。そのため単元の問いについては記載していませんが，こちらをベースにしながらご自身の授業スタイルや子どもの実態に応じてアレンジしてください。

【深い学びを生む「問い」】

　授業の導入です。社会科は「資料が命」とも言われているので，資料提示を通して子どもたちと問いを立てます。絵や写真，グラフ，ときには子どもの考えが資料となることもあります。社会科における「見方・考え方」を引き出しながら，子どもの「えっ?!」「どうして?!」などの疑問を生むことができるようにしています。

【資料】

　本時で子どもたちの考えをゆさぶったり，深めたりするための中心となる資料を掲載しています。1人1台端末等で共有しています。

【本時のタイトル】

　中学校各社の教科書を比較して記載しています。どの教科書会社を使用しても差し支えがないような順序にしています。

1　現代社会と私たちと文明

1　授業開き　〜戦争は止められるのか？〜 （1時間構成）

📝 板書

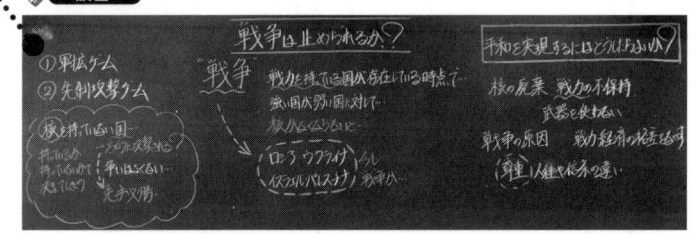

見方・考え方を働かせる授業デザイン

❶ 【導入】深い学びを生む「問い」（かかわる）

本時の問いへつなぐ発問：あなたは核ミサイルを買いますか？

　導入では，ゲームを通して平和について考えます。まず「軍拡ゲーム」として，オークションで核ミサイルを買うのか，買うのであればいくらで買うのかを考えます。こうしたゲームを通して，軍拡競争の論理と心理を体験できるようにします。

> **Q.あなたは核ミサイルを買いますか？**
>
> 【軍拡ゲーム】
> 先生が核弾頭の搭載された大陸間弾道ミサイル（ICBM）を持っているとします。生徒各自はこれを購入し，核大国と対等になりたいと希望しているとしましょう。先生はこうした状況をふまえオークションをします。そのルールは，①最高値の入札者が落札者として二番目の入札価格で核ミサイルを購入でき，②第二順位入札者は何も獲得できないけれど入札額は支払わなければならないというものです。参加表明をした人は途中でやめたり，支払わずに逃げることはできません。あなたはいくらで応札しますか（応札しなくても構いませんが，核ミサイルを持っていないので国際的発言力が乏しくなります）。

16

💡 本時のねらい

【思考・判断・表現】軍事力に関するゲームを通して，現代的な課題について考えることができる。

❷ 【展開】社会的事象の意味を見出す協働（つながる）

思考をゆさぶる発問：停戦しますか？攻撃しますか？

展開場面では，「先制攻撃ゲーム」を行います。活動の際には，両国に「秘密情報カード」を配布します。実際の授業では，秘密情報カードの内容を知ると多くの子が攻撃を選択するかどうか悩む姿が見られました。この活動を通して，兵器を使用することはよくないことであるとわかっていても，使用しないこと，持たないことの難しさを体験できるようにしました。

Q.停戦しますか？攻撃しますか

【先制攻撃ゲーム】
A国元首とS国元首役の二人一組をつくり，「A国の秘密」と「S国の秘密」に基づいて交互にカードを出し合います。カードは「停戦維持」と「全面核攻撃」の二種類です。ジャンケンで勝ったほうからはじめます。

★秘密情報カード
①S国が停戦維持を選んだ次の手番でS国が全面核攻撃をしかければ，A国民の7割が死亡する。A国が停戦維持を選んだ次の手番でS国が停戦維持を選べば，互いに現状を維持する。
②S国が停戦維持を選んだ次の手番でA国が全面核攻撃をしかければ，S国民の7割が死亡する。S国が停戦維持を選んだ次の手番でA国が停戦維持を選べば，互いに現状を維持する。
③A国が全面核攻撃をしかけた次の手番でS国が全面核攻撃で報復すれば，人類は滅亡する。A国が全面核攻撃をしかけた次の手番でS国が停戦維持を選べば，A国は領土と人口を倍増させて飛躍的に繁栄し，S国は領土と人口が7割減となってかろうじて存続する。
④S国が全面核攻撃をしかけた次の手番でA国が全面核攻撃で報復すれば，人類は滅亡する。S国が全面核攻撃をしかけた次の手番でA国が停戦維持を選べば，S国は領土と人口を倍増させて飛躍的に繁栄し，A国は領土と人口が7割減となってかろうじて存続する。

❸ 【まとめ】探究的な学びへとつなげるふり返り（創り出す）

探究へつなぐ発問：平和を実現するにはどうしたらよいかな？

　授業のまとめでは，改めて平和について考えられるようにしました。本時は授業開きということで，今後の学習で我が国や国際的な課題について考えていくきっかけとしました。

📋 評価のポイント

・①②の場面を通して，軍縮に関する課題について自分なりの考えをもつことができているか。

2章

見方・考え方を働かせる！
中学公民授業づくりの教科書
板書&展開プラン

1　現代社会と私たちと文明

1　授業開き　〜戦争は止められるのか？〜 （1時間構成）

板書

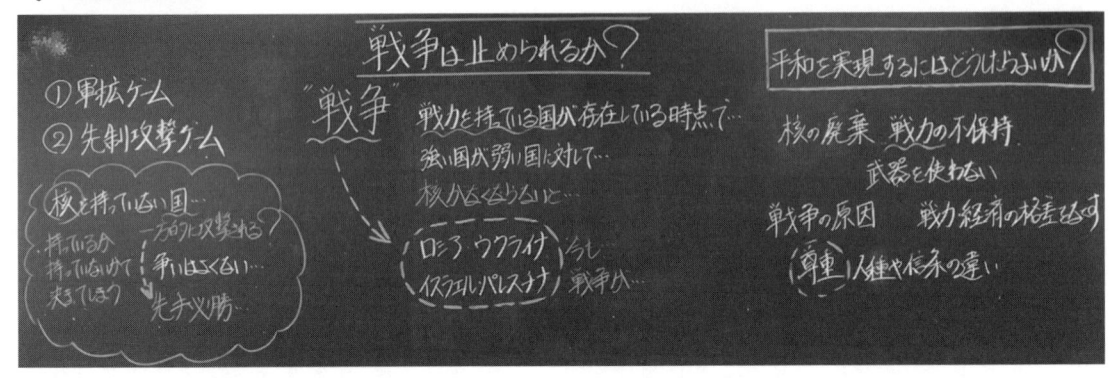

見方・考え方を働かせる授業デザイン

❶ 【導入】深い学びを生む「問い」（かかわる）

本時の問いへつなぐ発問：あなたは核ミサイルを買いますか？

　導入では，ゲームを通して平和について考えます。まず「軍拡ゲーム」として，オークションで核ミサイルを買うのか，買うのであればいくらで買うのかを考えます。こうしたゲームを通して，軍拡競争の論理と心理を体験できるようにします。

> **Q.あなたは核ミサイルを買いますか？**
>
> 【軍拡ゲーム】
> 先生が核弾頭の搭載された大陸間弾道ミサイル（ICBM）を持っているとします。生徒各自はこれを購入し，核大国と対等になりたいと希望しているとしましょう。先生はこうした状況をふまえオークションをします。そのルールは，①最高値の入札者が落札者として二番目の入札価格で核ミサイルを購入でき，②第二順位入札者は何も獲得できないけれど入札額は支払わなければならないというものです。参加表明をした人は途中でやめたり，支払わずに逃げることはできません。あなたはいくらで応札しますか（応札しなくても構いませんが，核ミサイルを持っていないので国際的発言力が乏しくなります）。

 **本時のねらい**

【思考・判断・表現】軍事力に関するゲームを通して，現代的な課題について考えることができる。

❷ 【展開】社会的事象の意味を見出す協働（つながる）

> 思考をゆさぶる発問：停戦しますか？攻撃しますか？

展開場面では，「先制攻撃ゲーム」を行います。活動の際には，両国に「秘密情報カード」を配布します。実際の授業では，秘密情報カードの内容を知ると多くの子が攻撃を選択するかどうか悩む姿が見られました。この活動を通して，兵器を使用することはよくないことであるとわかっていても，使用しないこと，持たないことの難しさを体験できるようにしました。

Q.停戦しますか？攻撃しますか

【先制攻撃ゲーム】
A国元首とS国元首役の二人一組をつくり，「A国の秘密」と「S国の秘密」に基づいて交互にカードを出し合います。カードは「停戦維持」と「全面核攻撃」の二種類です。ジャンケンで勝ったほうからはじめます。

★秘密情報カード
① A国が停戦維持を選んだ次の手番でS国が全面核攻撃をしかければ、A国民の7割が死亡する。A国が停戦維持を選んだ次の手番でS国が停戦維持を選べば、互いに現状を維持する。
② S国が停戦維持を選んだ次の手番でA国が全面核攻撃をしかければ、S国民の7割が死亡する。S国が停戦維持を選んだ次の手番でA国が停戦維持を選べば、互いに現状を維持する。
③ A国が全面核攻撃をしかけた次の手番でS国が全面核攻撃で報復すれば、人類は滅亡する。A国が全面核攻撃をしかけた次の手番でS国が停戦維持を選べば、A国は領土と人口を倍増させて飛躍的に繁栄し、S国は領土と人口が7割減となってかろうじて存続する。
④ S国が全面核攻撃をしかけた次の手番でA国が全面核攻撃で報復すれば、人類は滅亡する。S国が全面核攻撃をしかけた次の手番でA国が停戦維持を選べば、S国は領土と人口を倍増させて飛躍的に繁栄し、A国は領土と人口が7割減となってかろうじて存続する。

❸ 【まとめ】探究的な学びへとつなげるふり返り（創り出す）

> 探究へつなぐ発問：平和を実現するにはどうしたらよいかな？

授業のまとめでは，改めて平和について考えられるようにしました。本時は授業開きということで，今後の学習で我が国や国際的な課題について考えていくきっかけとしました。

評価のポイント

・①②の場面を通して，軍縮に関する課題について自分なりの考えをもつことができているか。

1 現代社会と私たちと文明

2 AIは幸せをつくり出す？

 板書

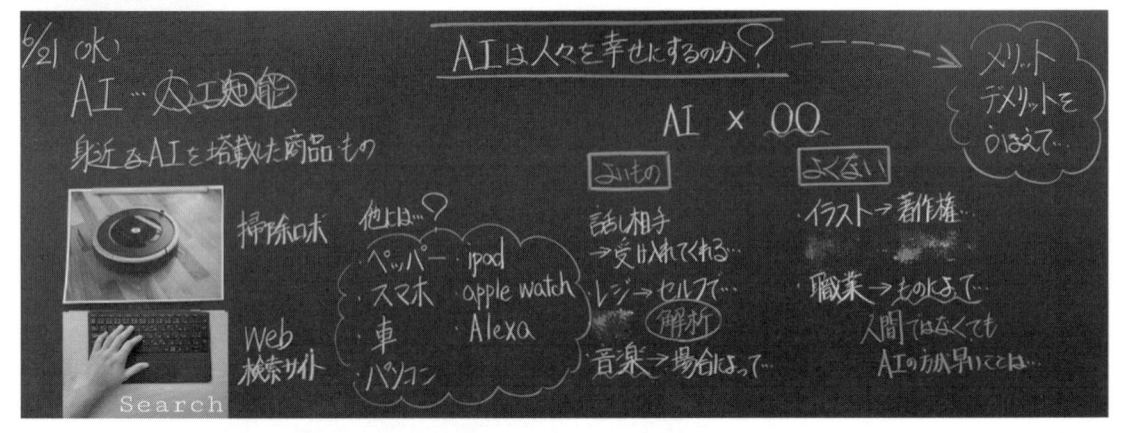

見方・考え方を働かせる授業デザイン

❶ 【導入】深い学びを生む「問い」（かかわる）

> 本時の問いへつなぐ発問：AIを搭載した商品は何があるかな？

　子どもたちにとって，AIはもはや聴き慣れない言葉ではなくなってきています。導入では，子どもたちにとって身近でもあるAIが搭載されている商品に着目しました。「AIを搭載した商品は何があるかな？」と問うと，以下のような回答がありました。

・ペッパーくん	・iPad	・Apple Watch	・アレクサ	・パソコン

　子どもたちには，こうした商品が生活を便利にしたという認識があります。しかし，「みんなを幸せにしましたか？」と問うと，答えに迷う子どもたちの姿が見られました。実際の授業では，「よいところもあれば悪いところもある」という発言もあったため，こうした発言をきっかけとして本時の問いへつなげていきました。

本時のねらい

【知識・技能】情報化の進展と生活のつながりについて，実社会で活用される際のメリット・デメリットをもとに説明することができる。

❷ 【展開】社会的事象の意味を見出す協働（つながる）

思考をゆさぶる発問：ＡＩは人々を幸せにするのかな？

展開場面では，「ＡＩ×〇〇」のようにＡＩのかけ合わせを考えることで，ＡＩのメリット・デメリットを考えました。かけ合わせを生み出すことで，ＡＩが生み出すよさや課題について，具体的な場面を想定して話し合う姿が見られました。

「ＡＩ×〇〇」よいと考えるもの	「ＡＩ×〇〇」よくないと考えるもの
・Siri…話し相手になってくれる ・レジ…企業側の人件費が安くなる ・防犯カメラ…犯人を解析できる ・音楽…誰でも簡単に作曲が可能に	・イラスト…著作権を侵害している可能性も ・職業…教員や医者は人間だからこそできることがある ・兵器…人や国を攻撃しやすくなってしまう

❸ 【まとめ】探究的な学びへとつなげるふり返り（創り出す）

探究へつなぐ発問：ＡＩは人々を幸せにするのかな？　自分の考えを記述しよう。

授業のまとめでは，改めて本時の問いに対する考えを記述しました。展開場面での話し合いを踏まえ，自分なりにＡＩとど

> 幸せにするものもあるだろうし，逆に不幸にすることもあると思うけど，総合的にみたら人の役に立つと思う。例えば医療だったら，人間は誰でもミスをすることがあるし，難しい手術とか24時間体制の経過観察とかはしにくいことがあるけど，**AIを用いる**ことでミスを事前に防げたり，医師が対応できない時に代わりに対応することもできると思うから，全てをAI化するのではなく，用いるだとか活用するというニュアンスで使用するといいと思う。

> 一部分では幸せにするかもしれないけど半数近くの人がAIに支配されると予想していたり，仕事が奪われるという予想も出ていて自分がやりたいものができなくなるかもしれないし，AIが全てだとスポーツ，武道などでの複雑な判断ができなくなり，伝統が失われていく危険性もあるし，今後はAIを防犯に使っていてもAIを使った犯罪も起きてくると思ったので人々を幸せにはしないと思います。

のように向き合えばよいか記述する姿が見られました。

評価のポイント

・②③の場面について，ＡＩのメリット・デメリットを踏まえて，説明することができているか。

1 現代社会と私たちと文明

3 法律で文化を守るのはどうして？ （1時間構成）

 板書

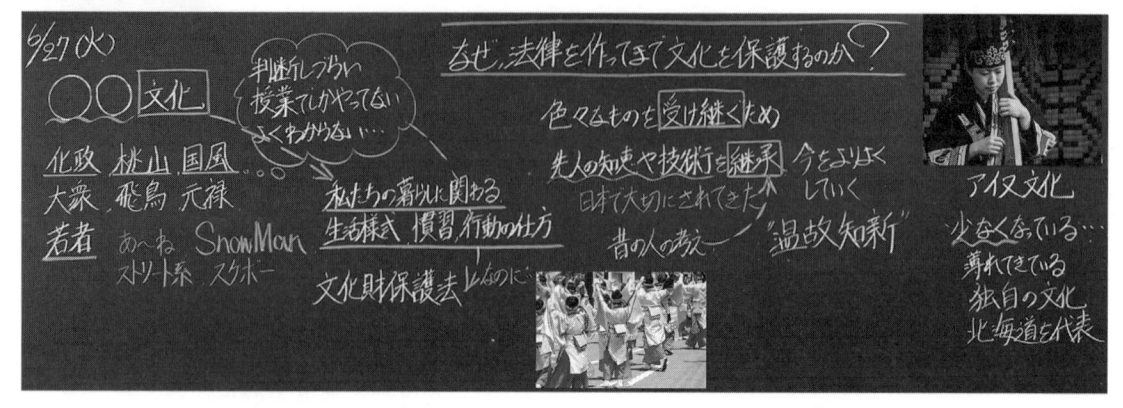

見方・考え方を働かせる授業デザイン

❶ 【導入】深い学びを生む「問い」（かかわる）

> 本時の問いへつなぐ発問：「○○文化」の○○にはどんな言葉が当てはまるのかな？

　導入では、「○○文化」に当てはまる言葉を考える活動を位置付けました。子どもたちからは、歴史で学んだ「桃山」「国風」などの言葉や「若者」のように生活の中で用いられている言葉を挙げる姿が見られました。

　文化の定義が「私たちの暮らしに関わる生活様式・慣習・行動の仕方」とされていることを確認した上で、文化の中には「文化財保護法」という法律で保護されているものもあることを伝えます。一見するとかたちとして目には見えないものもある文化に対して、「なぜ、わざわざ法律を作ってまで保護するのかな？」と問いかけた上で、本時の問いへつなげていきます。

1 現代社会と私たちと文明
2 よりよい社会とルール
3 基本的人権法と日本国憲
4 私たちと平和主義
5 現代の民主の政治と日本政治
6 三権分立と国の政治の仕組み
7 地方自治と参加住民の政治
8 消費生活と市場経済
9 生産と労働
10 市場のしくみと金融
11 財政の役割社と国民の福
12 これからの日本経済
13 国際社会の仕組みと平和の実現
14 これからの国際社会と私たち

本時のねらい

【思考・判断・表現】法律で文化を保護する理由について，文化の継承と発展という視点をもとに説明することができる。

❷ 【展開】社会的事象の意味を見出す協働（つながる）

思考をゆさぶる発問：なぜ法律を作ってまで文化を保護するのか？

　展開場面では，文化にどのような価値があるのか子どもたちが見出すことをねらい，話し合いを進めました。話し合いを進める中で，「もしも文化を保護しなかったら……」などと仮定しながら，文化を保護する理由について考える姿が見られました。子どもたちとのやりとりを以下に示します。

S：文化を受け継いでいくためには法律が必要なんじゃないかな？
S：もしも文化を保護しなかったら，いつの間にか失われてしまう文化もあると思う。
T：保護しなかったら失われてしまうはずの文化を，あえて保護しなきゃいけないの？
S：文化にはそれまでの歴史が詰まっている。
S：昔の人たちの考えを継承していくためには，保護する必要があると思う。
S：「温故知新」！　今をよりよくしてくために，文化は必要なんじゃないかな？
S：コロナ禍にアマビエが流行したように，昔の文化が改めて注目されることもあったよね。

❸ 【まとめ】探究的な学びへとつなげるふり返り（創り出す）

探究へつなぐ発問：「アイヌ文化」を保護するのはどうしてだろう？

　授業のまとめでは，具体的な文化を通して，展開場面の話し合いについて自分の言葉で表現できるようにしました。本時では，アイヌ文化を例として提示し，アイヌ文化の価値について表現していきました。

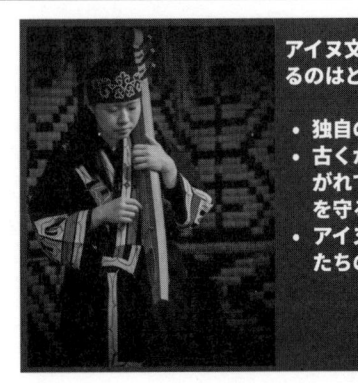

アイヌ文化を保護するのはどうして？

• 独自の文化
• 古くから受け継がれているものを守る
• アイヌ民族の人たちの誇り

評価のポイント

・②③の場面について，文化がもつ価値を踏まえて説明することができているか。

2 よりよい社会とルール

1 子どもにスマホを持たせるべき ?! ～対立と合意～

（1時間構成）

 **板書**

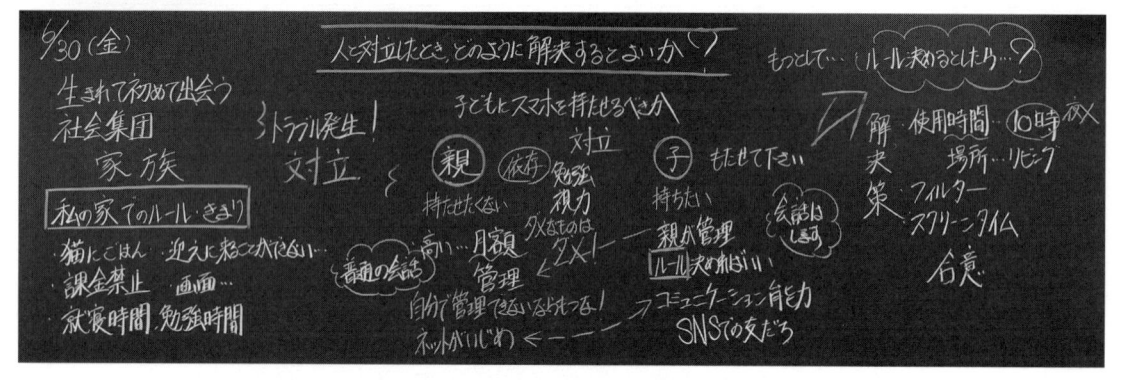

見方・考え方を働かせる授業デザイン

❶ 【導入】深い学びを生む「問い」（かかわる）

> 本時の問いへつなぐ発問：みんなの家でのルールにはどんなものがあるかな？

　導入では，はじめに各家庭でのルールを共有します。その上で，納得がいかなかったり，対立したりした経験をふり返ることで，本時の問いへつなげました。

> T：みんなの家でのルールにはどんなものがあるかな？
> S：課金は禁止！
> S：11時までには寝る！
> T：そうしたルールの中で納得できないものや喧嘩になったものはある？
> S：子どもだって課金したい！　お小遣いならいいじゃん（笑）
> S：大人はいいのに，子どもはダメっていうのが納得できない！
> S：うちでも，iPadを見る時間が1日1時間までって決められているけれど，親は1時間以上見ているから，ずるいって思う（笑）

 **本時のねらい**

【知識・技能】対立から合意に至る過程について，具体的な場面をもとに理解することができる。

---

❷ **【展開】社会的事象の意味を見出す協働（つながる）**

思考をゆさぶる発問：人と対立したとき，どうやって解決すればいいかな？

展開場面では，具体的なシチュエーションをテーマとして与え，グループで話し合いました。本時では，「子どもにスマホを持たせるべきか」としました。右の資料のようなワークシートに自分の考えを記述した上で，親チームと子どもチームに分かれ，相手チームが納得できるような説明をすることを目指しました。

子どもにスマホを持たせるべきか

自分の立場→親・子ども

【自分の考え】
• 迎えの連絡をするときに、スマホがあった方が便利！
• 使用時間などのルールを決めれば問題はない！
• 基本的に親が管理することにする！

---

❸ **【まとめ】探究的な学びへとつなげるふり返り（創り出す）**

探究へつなぐ発問：親と子どものお互いが納得するにはどうしたらいいだろう？

授業のまとめでは，合意に向けて話し合いの着地点を見出していきます。本時のねらいはあくまでも合意に向けた過程を学ぶことです。「親と子どものお互いが納得するにはどうしたらいいだろう？」などと問いかけた上で，スマホを持つ場合にどのようなルールが望ましいのかを考えられるようにしました。

 評価のポイント

・②③の場面について，話し合いを通して対立から合意までの過程を理解できているか。

1 現代社会と私たちと文明

2 よりよい社会とルール

3 基本的人権と日本国憲法

4 私たちと平和主義

5 現代の民主政治と日本の政治

6 三権分立と国の政治の仕組み

7 地方自治と住民の政治参加

8 消費生活と市場経済

9 生産と労働

10 市場のしくみと金融

11 財政の役割と国民の福祉

12 これからの日本経済

13 国際社会の仕組みと平和の実現

14 これからの国際社会と私たち

2 よりよい社会とルール

2 どうする?! 避難所運営!
〜効率と公正〜

（1時間構成）

 **板書**

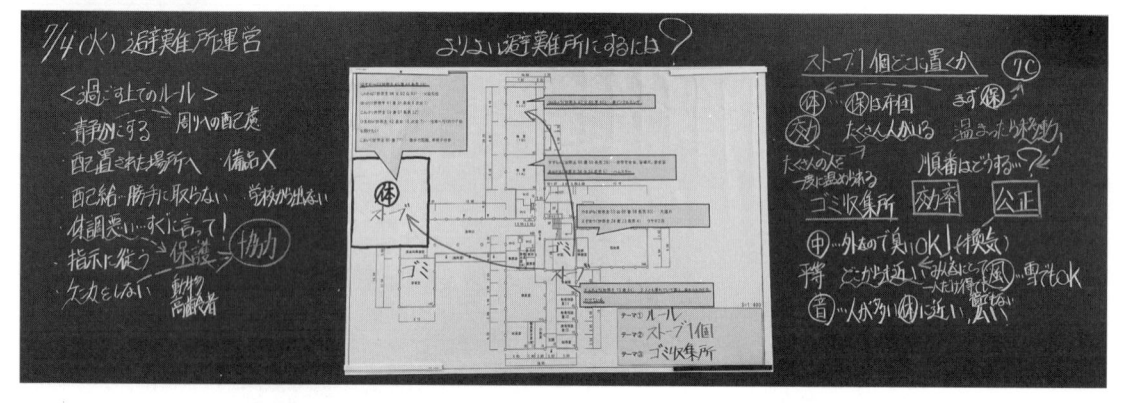

見方・考え方を働かせる授業デザイン

❶ 【導入】深い学びを生む「問い」（かかわる）

本時の問いへつなぐ発問：この学校が避難所になったらどんな課題があるだろう？

　導入では，学校を避難所と想定した際のシチュエーションを提示します。シチュエーションの内容は，A〜Lまでの12家族が学校に避難しており，それぞれの家庭の状況があるというものです。導入では，そうした家庭の状況を踏まえたときにどんな課題があるかイメージしました。以下に，いくつかの家族状況を示します（数字は年齢）。

B家族（世帯主66，父92，母93）…父認知症

E家族（世帯主42，長女10，次女7）…仕事へ行くので子どもを預けたい

F家族（世帯主80，妻77）…妻歩行困難，車椅子持参

G家族（世帯主42，父66，妻40）…妻インフルエンザ

H家族（世帯主58，妻55，長男26）…世帯主・妻が全盲，盲導犬がいる

I家族（世帯主34，夫34，長男5）…ハムスターを飼っている

💡 本時のねらい

【思考・判断・表現】効率と公正の考え方を踏まえ，避難所運営の活動を行うことができる。

❷ 【展開】社会的事象の意味を見出す協働（つながる）

> **思考をゆさぶる発問：３つのテーマをあなたが運営者ならどうやって解決する？**

　テーマは「①どんなルールが必要？」「②ストーブを１個置くならどこ？」「③ごみ収集所はどこに設置する？」の３つです。展開場面では，それぞれの家族の状況を踏まえて話し合う姿が見られました。そうした子どもの考えを効率と公正の視点から価値付けていきます。

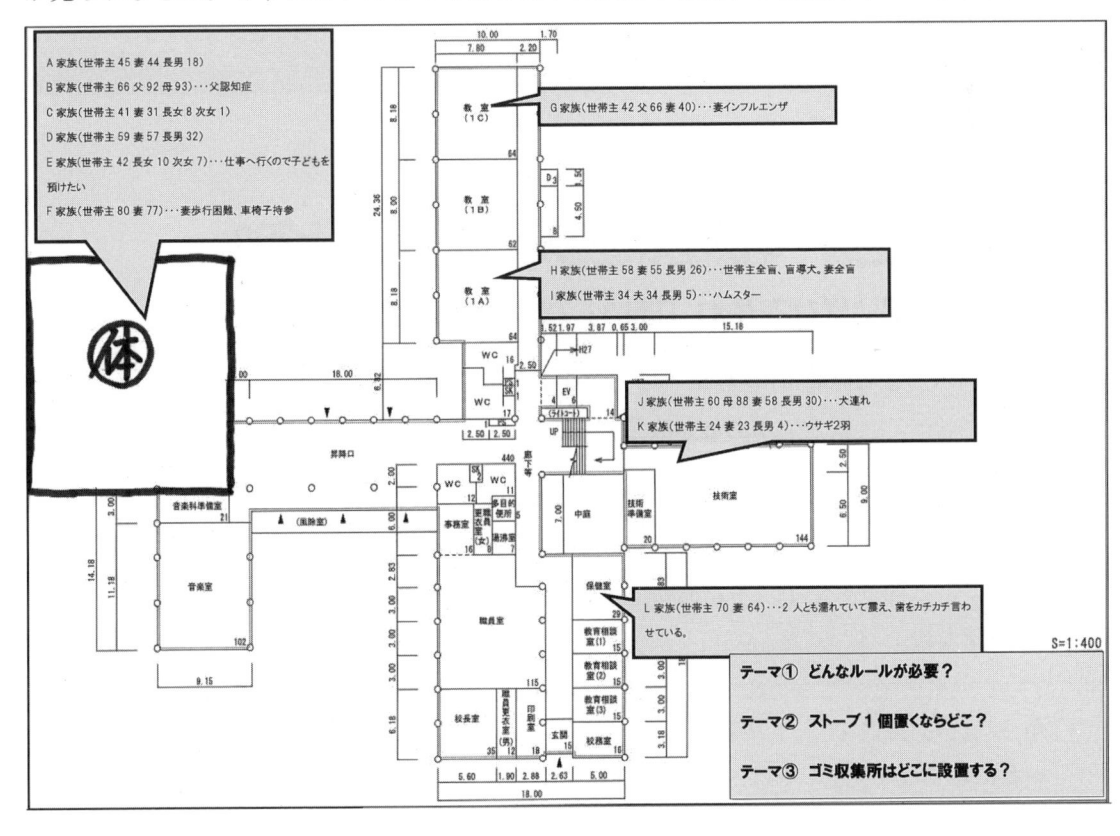

📈 評価のポイント

・②の場面について，効率と公正の視点から自分の考えを述べているか。

3 基本的人権と日本国憲法

1 憲法って何のためにあるの？

 板書

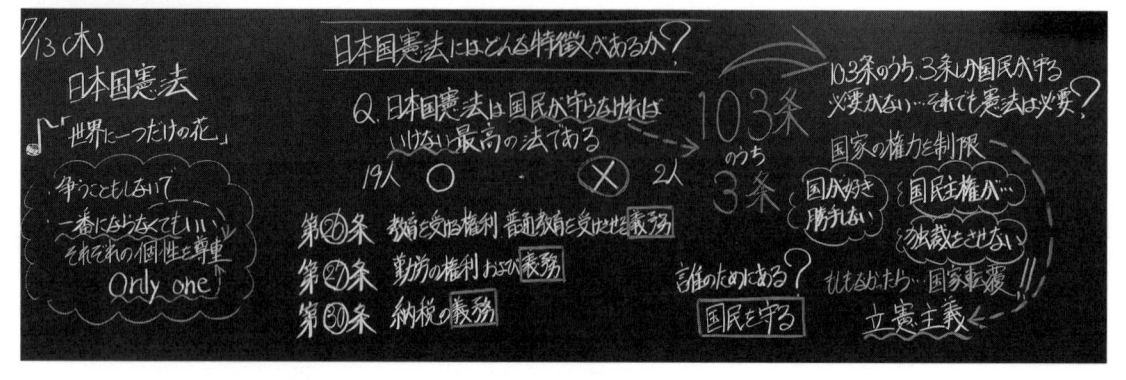

見方・考え方を働かせる授業デザイン

❶ 【導入】深い学びを生む「問い」（かかわる）

> 本時の問いへつなぐ発問：「世界に一つだけの花」と日本国憲法にはどのようなつながり
> があるかな？

　導入では、「世界に一つだけの花」の曲からはじめます。日本国憲法とのつながりがあることを事前に伝えた上で、曲を流します。その上で、「『世界に一つだけの花』からどんなことがわかるかな？」と問うと、子どもたちからは小学校での既習内容も踏まえて、以下のような反応が見られました。

> ・「争うこともしないで」…平和主義
> ・「一番にならなくてもいい」…個人の尊重
> ・「オンリーワン」…国民主権

　こうした活動から、大まかな日本国憲法のイメージをもつことができるようにした上で、本時の問いへつなげていきました。

1 現代社会と私たちと文明
2 よりよい社会とルール
3 基本的人権と日本国憲法
4 私たちと平和主義
5 現代の民主政治と日本の政治
6 三権分立と国の政治の仕組み
7 地方自治と住民の政治参加
8 消費生活と市場経済
9 生産と労働
10 市場のしくみと金融
11 財政の役割と国民の福祉
12 これからの日本経済
13 国際社会の仕組みと平和の実現
14 これからの国際社会と私たち

📖 本時のねらい

【知識・技能】国民の義務を調べる活動を通して，日本国憲法の意義を理解することができる。

❷ 【展開】社会的事象の意味を見出す協働（つながる）

> 思考をゆさぶる発問：日本国憲法にはどんな特徴があるのかな？

　展開場面では，「日本国憲法は国民が守らなければいけない最高の法である。○か？　×か？」というクイズを出します。実際の授業では，多くの子が憲法は大事なものだというイメージからなのか○を選びました。しかし，結論は

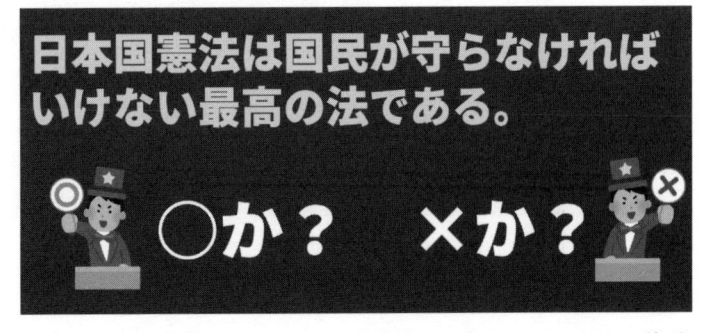

×です。子どもたちから「えっ!?」という反応が出たところで，「憲法103条の中で国民の義務はいくつあるかな？」と問いかけ，教科書から国民の義務がいくつあるのか調べる活動を位置付けます。すると，103条の中で26条・27条・30条の3つしか国民の義務はないことに気付き，それでもなぜ憲法が必要なのか，考えるきっかけへつなげることができます。

❸ 【まとめ】探究的な学びへとつなげるふり返り（創り出す）

> 探究へつなぐ発問：3つの条文しか国民は守る必要がないのに，なぜ憲法が必要なの？

　授業のまとめでは，103条の中で3つの条文しか国民が守るべき条文がないにもかかわらず，それでも憲法が必要な理由を考えました。その理由を子どもに気付かせるために『檻の中のライオン』という本の一部を提示しました。その上で，「憲法は何のためにあるのかな？」と改めて問うと，憲法は国民を守るためにあることに気付く姿が見られると考えます。これまでの歴史の授業とも関連付け，憲法の必要性を表現することでさらに学びが深まると考えます。

📋 評価のポイント

・②③の場面について，憲法の条文を踏まえて，日本国憲法の意義を理解することができているか。

2　天皇と国民の違いって？

（1時間構成）

板書

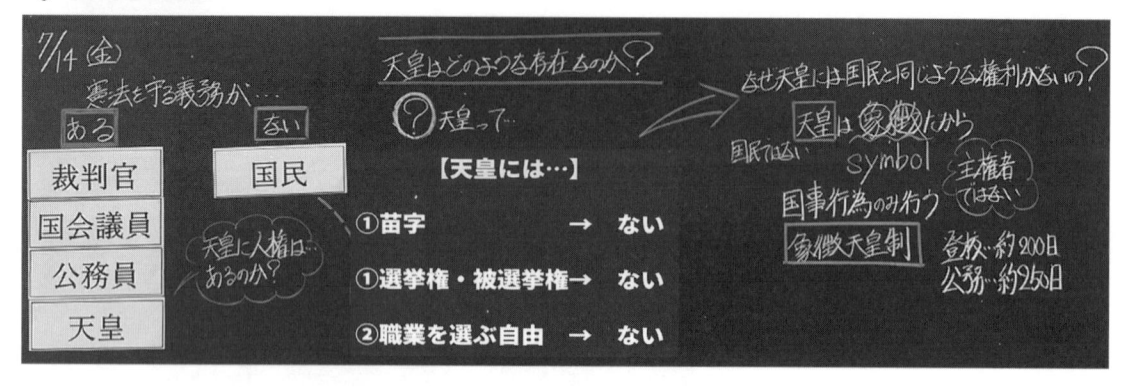

見方・考え方を働かせる授業デザイン

❶ 【導入】深い学びを生む「問い」（かかわる）

> 本時の問いへつなぐ発問：「ある」「ない」……，何の仲間分けかな？

　導入では，テーマを伏せた上で，「ある」には裁判官・国会議員・公務員・天皇，「ない」には国民を仲間分けして提示します。「何の仲間分けかな？」と問い，子どもに予想させた上で，憲法を守る義務が「ある」「ない」についての仲間分けであることを伝えます（厳密には国民の三大義務がある）。その後，「天皇だって人間なのだから，国民と同じように扱われないのは不公平じゃない？」と投げかけ，天皇と国民の違いを考えるきっかけへつなげます。

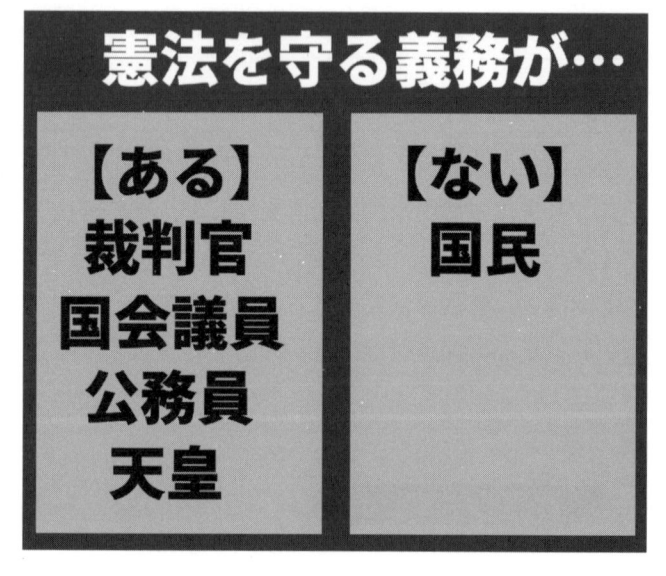

憲法を守る義務が…

【ある】	【ない】
裁判官 国会議員 公務員 天皇	国民

1 現代社会と私たちと文明

2 よりよい社会とルール

3 基本的人権と日本国憲法

4 私たちと平和主義

5 現代の民主政治と日本の政治

6 三権分立と国の政治の仕組み

7 地方自治と住民の政治参加

8 消費生活と市場経済

9 生産と労働

10 市場のしくみと金融

11 財政の役割と国民の福祉

12 これからの日本経済

13 国際社会の仕組みと平和の実現

14 これからの国際社会と私たち

本時のねらい

【知識・技能】 天皇と国民の権利の違いについて考えることを通して，象徴天皇制について理解することができる。

❷ 【展開】社会的事象の意味を見出す協働（つながる）

思考をゆさぶる発問：天皇はどのような存在なのかな？

展開場面では，天皇の権利についての「ある・なしクイズ」を出します。クイズの内容は，右の資料のように苗字・選挙権と被選挙権・職業選択の自由の3つです。天皇にも国民と同じように，基本的には学問の自由などが認められていますが，選挙権・被選挙権や職業選択の自由は認められていません。クイズを通して，天皇と国民との違いを実感できるようにすることで，授業のまとめへとつなげていきます。

【天皇には…】

① 苗字 → ない

① 選挙権・被選挙権 → ない

② 職業を選ぶ自由 → ない

❸ 【まとめ】探究的な学びへとつなげるふり返り（創り出す）

探究へつなぐ発問：なぜ天皇には国民と同じように認められていない権利があるの？

授業のまとめでは，天皇と国民との違いについて知ることを通して，「なぜ天皇には国民と同じように認められていない権利があるの？」と問います。実際の授業では，主権者はあくまでも国民であることを踏まえながら，象徴天皇制と関連付けて説明する姿が見られました。天皇としての公務は年間250日程度あり，学校の登校日数の約200日と比較することで，仕事の多忙さについても知ることができるようにしました。

評価のポイント

・②③の場面について，天皇と国民の権利の違いを踏まえて，象徴天皇制の意味を理解することができているか。

3　アイヌ民族とこれからの社会　〜平等権〜 （1時間構成）

板書

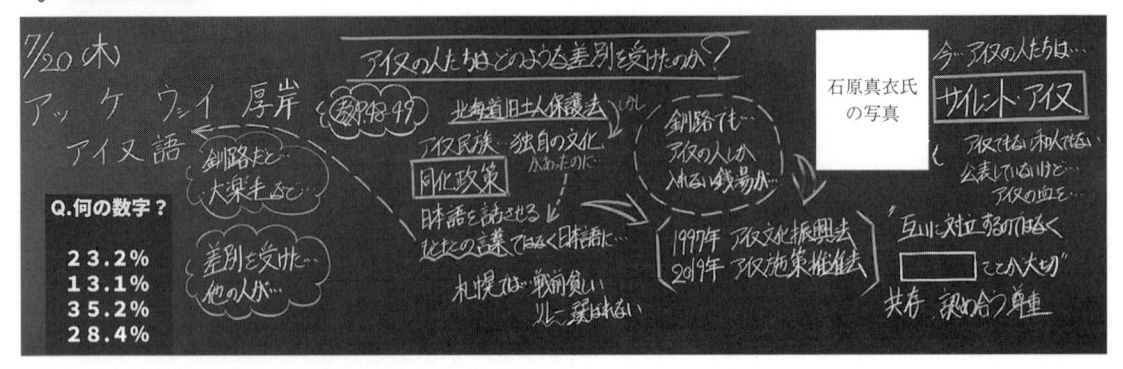

見方・考え方を働かせる授業デザイン

❶ 【導入】深い学びを生む「問い」（かかわる）

> 本時の問いへつなぐ発問：差別を受けているのはどんな人たちだろう？

　導入では，アイヌの人たちの差別に関わるアンケート結果の数字のみを提示します。実際の授業では，割合の数字だけでは子どもたちは何を表したものなのかわからないと考えたため，資料提示を通して数字が何を表しているのか気付くことができるようにしました。

　アンケート結果をもとに，４割近くの人が差別を受けている事実に気付きます。学級に置き換えて考えると，深刻な状態だと考える子もいます。そうした気付きをもとに，本時の問いへつなげました。

1 現代社会と私たちと文明
2 よりよい社会とルール
3 基本的人権と日本国憲法
4 私たちと平和主義
5 現代の民主政治と日本の政治
6 三権分立と国の政治の仕組み
7 地方自治と住民の政治参加
8 消費生活と市場経済
9 生産と労働
10 市場のしくみと金融
11 財政の役割と国民の福祉
12 これからの日本経済
13 国際社会の仕組みと平和の実現
14 これからの国際社会と私たち

🔦 本時のねらい

【思考・判断・表現】アイヌ民族の人たちが受けた差別やアイヌ民族に関する法律をもとに，アイヌ民族に対する考えを自分なりにもつことができる。

❷ 【展開】社会的事象の意味を見出す協働（つながる）

> 思考をゆさぶる発問：アイヌの人たちはどのような差別を受けたのかな？

　展開場面では，歴史的背景を踏まえ，アイヌの人たちに対する差別をもとに話し合いました。子どもたちは歴史的背景だけではなく，聞いたことのあるエピソードを踏まえながら，差別について考える姿が見られました。そうした差別を踏まえて，日本では「アイヌ文化振興法」や「アイヌ施策推進法」がつくられたことを確認した上で，「法律を定めれば差別はなくなるのかな？」と問いかけ，授業のまとめへとつなげました。

同化政策

明治時代，旧土人保護法が定められたが，結果的にアイヌ民族は土地を奪われ，同化政策によって独自の文化を否定され，差別はいっそう強まった。

❸ 【まとめ】探究的な学びへとつなげるふり返り（創り出す）

> 探究へつなぐ発問：今，アイヌの人たちにとって暮らしやすい社会になったのかな？

　授業のまとめでは，アイヌのルーツをもつ石原真衣氏の言葉を取り上げました。石原氏は，「互いに対立

互いに対立するのではなく，□？□ことで社会を変えていける

するのではなく，認め合うことで社会を変えていける」と述べています。「認め合う」の部分を隠し，子どもたちに考えさせることで，子どもたちが差別のない社会に向けて自分なりに考えをもつことができるようにしました。

📋 評価のポイント

・②③の問いについて，アイヌ民族に対する差別を踏まえて，共生社会に向けて自分の考えを記述できているか。

3 基本的人権と日本国憲法

4 身の回りにも差別がある？ ～平等権～ （1時間構成）

 **板書**

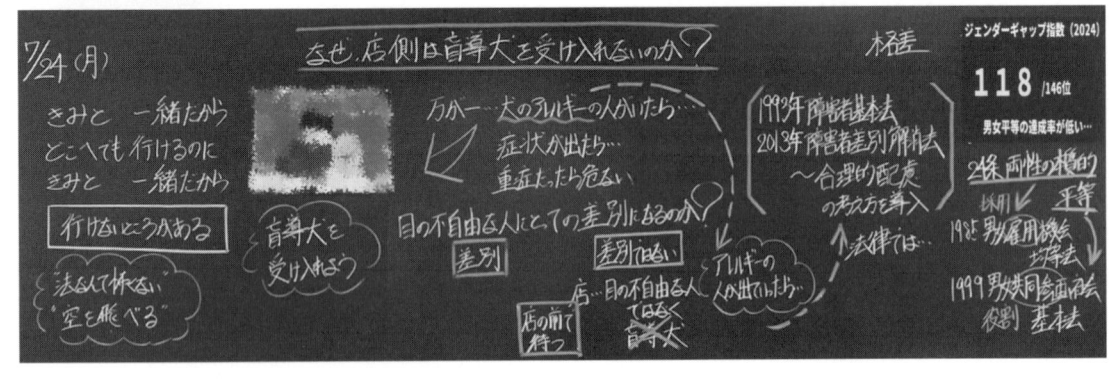

見方・考え方を働かせる授業デザイン

❶ 【導入】深い学びを生む「問い」（かかわる）

> 本時の問いへつなぐ発問：空欄にはどんな言葉が当てはまるかな？

導入では，盲導犬に関するCM（AC JAPAN 日本盲導犬協会 CM「きみと一緒だから。」）を視聴します。動画の終盤でストップをかけ，CMの最後に流れる言葉を空欄にして提示します。空欄に入る言葉を予想することを通して，「盲導犬と一緒だから行けないところがある」ということ

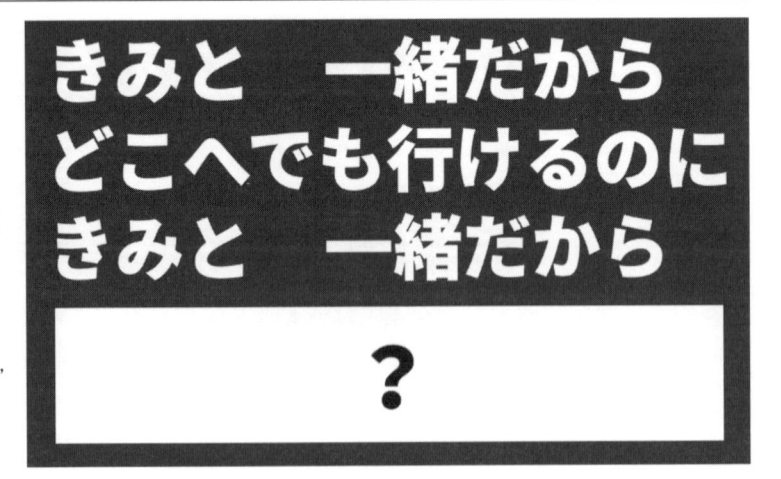

を強調できるようにしました。盲導犬と一緒だからこそ生活しやすくなる人がいるにもかかわらず，なぜ入店を拒否する店もあるのか，考えるきっかけへとつなげていきます。

💡 本時のねらい

【知識・技能】盲導犬の受け入れについて話し合うことを通して，さまざまな人が活躍できる社会づくりに向けた法律や制度を理解することができる。

❷ 【展開】社会的事象の意味を見出す協働（つながる）

> 思考をゆさぶる発問：なぜ店側は盲導犬を受け入れないのかな？

展開場面では，店側が盲導犬の受け入れを拒否する理由について考えます。本時では，受け入れを拒否する理由を予想した上で，日本盲導犬協会の HP に掲載されている「盲導犬受け入れ拒否対応事例集」をもとに実際にどのような理由で拒否されているのか確認しました。

その上で，「受け入れを拒否するのは，目の不自由な人にとって差別になるのか？」と問いかけ，差別にあたるかどうか話し合いました。「もし自分が盲導犬を連れていたら……」という視点で考えることで，目の不自由な人にとって受け入れの拒否は生きにくさや精神的なショックにもつながることを確認しました。

❸ 【まとめ】探究的な学びへとつなげるふり返り（創り出す）

> 探究へつなぐ発問：118/146位……，何の順位？

授業のまとめでは，男女平等の達成率を比較する「ジェンダーギャップ指数」を資料として提示します。法律は定められていますが，世界各国と比べて日本は仕事などで男女の間で未だ格差があることを確認することで，身近な生活において

ジェンダーギャップ指数（2024）

118 /146位

男女平等の達成率が低い…

さまざまな差別があることに気付くことができるようにしました。

📋 評価のポイント

・②③の場面について，身近な生活における差別を踏まえて，関連する法律を理解することができているか。

1 現代社会と私たちと文明
2 よりよい社会とルール
3 基本的人権と日本国憲法
4 私たちと平和主義
5 現代の民主政治と日本の政治
6 三権分立と国の政治の仕組み
7 地方自治と住民の政治参加
8 消費生活と市場経済
9 生産と労働
10 市場のしくみと金融
11 財政の役割と国民の福祉
12 これからの日本経済
13 国際社会の仕組みと平和の実現
14 これからの国際社会と私たち

5　自由権があるのに，自由じゃない?!
　　　～自由権～

（1時間構成）

板書

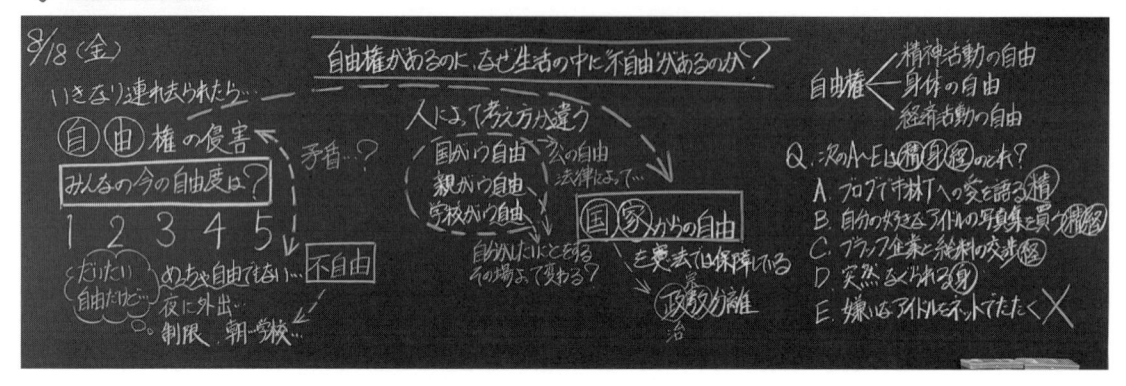

見方・考え方を働かせる授業デザイン

❶　【導入】深い学びを生む「問い」（かかわる）

本時の問いへつなぐ発問：あなたの今の自由度はどれくらいだろう？

　導入では，下の資料をもとに，子どもたち一人ひとりに現在の自由度を5段階で選ばせました。実際の授業では，「親に勉強させられる」「学校や家で，きまりや制限がある」などの反応があり，5を選ぶ人は少なかったです。そこで，自由権が保障されているにもかかわらず，どうして自由ではないこともあるのかというずれをもとに本時の問いへつなげました。

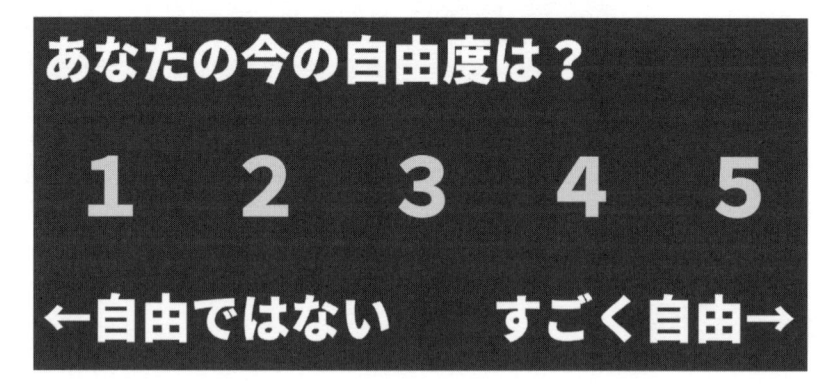

1 現代社会と私たちと文明
2 よりよい社会とルール
3 基本的人権と日本国憲法
4 私たちと平和主義
5 現代の民主政治と日本の政治
6 三権分立と国の政治の仕組み
7 地方自治と住民の政治参加
8 消費生活と市場経済
9 生産と労働
10 市場のしくみと金融
11 財政と国民の役割社と国民の福
12 これからの日本経済
13 国際社会の仕組みと平和の実現
14 これからの国際社会と私たち

本時のねらい

【知識・技能】自由権の意味を話し合うことを通して，自由権の意味を理解することができる。

❷ 【展開】社会的事象の意味を見出す協働（つながる）

> 思考をゆさぶる発問：自由権があるのに，なぜ生活の中に「不自由」があるのかな？

　展開場面では，自由権が保障されているにもかかわらず，生活の中での不自由なことや制限がある理由について考えます。憲法では，国家からの自由が念頭に置かれていることについて捉えられるよう，話し合いを進めました。子どもたちとのやりとりを以下に示します。

> S：自由といっても，人によって自由の考え方は違うからだと思う。
> T：どういうこと？
> S：誰もが好き勝手することを自由という訳ではないということじゃないかな？
> S：みんながそれぞれに勝手なことをしたら，大変なことになっちゃう。
> T：話し合いの中で気付いているように，憲法が保障している「自由」は好き勝手にする自由ではなくて，国家からの自由です。国家からの自由ってどんな自由だろう？
> S：国に生活を制限されるということじゃないかな？
> S：戦時中は，仕事や考え方も国に制限されていたから，そうしたことがないようにするということだと思う。

❸ 【まとめ】探究的な学びへとつなげるふり返り（創り出す）

> 探究へつなぐ発問：次の場面は自由権のうち，「精神活動」「身体」「経済活動」のどれ？

　授業のまとめでは，5つの場面を提示し，「精神活動の自由」「身体の自由」「経済活動の自由」のうち，どの自由が当てはまるのか考えます。「嫌いなアイドルをネットでたたく」というような自由権に当てはまらないものも提示することで，展開場面での学びを生かすことができるようにしました。

> Q.次の場面は自由権のうち、①精神活動の自由、②身体の自由、③経済活動の自由のうち、どれと関係している？
>
> A　ブログで先生への愛を語る
> B　自分の好きなアイドルの写真集を買う
> C　ブラック企業と給料の交渉をする
> D　突然殴られたりしない
> E　嫌いなアイドルをネットでたたく

評価のポイント

・②の場面について，「自由」の意味を踏まえて，自由権を理解することができているか。

3　基本的人権と日本国憲法

6　逮捕するぞと言われたら，あなたはどうする ?!
〜自由権〜

 **板書**

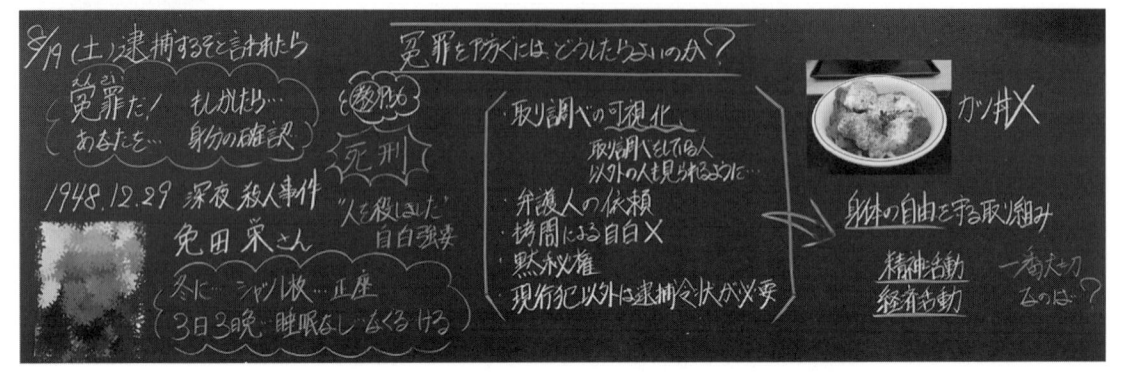

見方・考え方を働かせる授業デザイン

❶ 【導入】深い学びを生む「問い」（かかわる）

本時の問いへつなぐ発問：逮捕するぞと言われたら……，あなたはどうする ?!

導入では，身に覚えのない中で，突如警察官に逮捕されたらどのように対応するのか，ペアで役割演技しました。その上で，免田事件について，右の資料のようなエピソードをもとに伝えていきます。エピソードを聞くと子どもたちから「辛すぎる」「考えられない」などの反応が上がりました。子どもの情意面をゆさぶり，展開へとつなげました。

> # 1948年12月29日
> # 殺人事件が発生！
>
> - 警察官が家に訪ねてきて、身に覚えがない殺人事件の容疑で逮捕される
> - 冬にシャツ一枚で正座、三日三晩睡眠なしで、殴る蹴るなどの暴力を受けながら取り調べを受ける

1 現代社会と私たちと文明

2 よりよい社会とルール

3 基本的人権と日本国憲法

4 私たちと平和主義

5 現代の民主政治と日本の政治

6 三権分立と国の政治の仕組み

7 地方自治と住民の政治参加

8 消費生活と市場経済

9 生産と労働

10 市場のしくみと金融

11 財政の役割と国民の福祉

12 これからの日本経済

13 国際社会の仕組みと平和の実現

14 これからの国際社会と私たち

💡 本時のねらい

【知識・技能】免田事件を通して冤罪について知り，冤罪を防止する取り組みを理解することができる。

❷ 【展開】社会的事象の意味を見出す協働（つながる）

> **思考をゆさぶる発問：冤罪を防ぐにはどうしたらよいだろう？**

　展開場面では，はじめに冤罪を防ぐための方法について予想させました。「録画をしておけばいい」などの反応が出たため，実際にはどのように冤罪を防ごうとしているのか，取り組みを調べていきます。拷問による自白は裁判で証拠にならないことや黙秘権のほか，近年では取り調べの可視化も行われています。

取り調べの可視化

警察・検察が取り調べている様子をビデオやDVDに録画し取り調べしたり，弁護人が立ち会ったりして取り調べの状況を全て可視化する。

❸ 【まとめ】探究的な学びへとつなげるふり返り（創り出す）

> **探究へつなぐ発問：どうして取り調べに「カツ丼」を出すことが問題なの？**

　あるドラマのシーンの一場面として，取り調べの際に刑事がカツ丼を差し入れるシーンを視聴します。しかし，取り調べの際にカツ丼を差し入れることは問題とされます。取り調べ中の被疑者にカツ丼を差し入れる行為は，「供述の代償として利益を供与すること」に該当し，それによる供述は「任意にされたものでない自白」として，証拠として認められない可能性があります。拷問のように苦痛

はないかもしれませんが，やはり任意による自白が裁判では重要とされます。

📋 評価のポイント

・②③の場面について，冤罪を防止する取り組みとそれぞれの意義を理解することができているか。

7 パンツは何枚？ 〜社会権〜

（1時間構成）

 板書

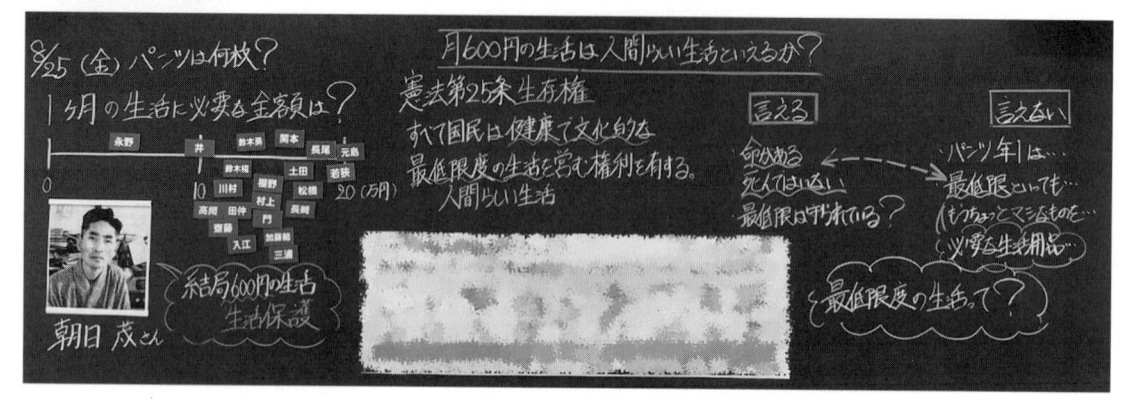

見方・考え方を働かせる授業デザイン

❶ 【導入】深い学びを生む「問い」（かかわる）

本時の問いへつなぐ発問：1ヶ月の生活をするためにいくら必要かな？

　導入では，自分が1ヶ月生活する上でいくら必要か話し合う活動を位置付けました。多くの子どもが10万〜20万円であることを確認した上で，朝日茂さんを取り上げました。朝日茂さんは1ヶ月600円で生活するように言われたことを伝えると，子どもたちからは「あり得ない！」などの反応が挙がりました。当時の日用品費600円の内訳は，2年間で肌着

【１ヶ月６００円でできること】

- ２年間で肌着１枚
- １年間でパンツ１枚
- タオル２枚
- 下駄１足
- 湯飲み１個　　　　など

1枚，1年間でパンツ1枚，タオル2枚，下駄1足，湯飲み1個などです。金額と日用品をもとに，人間らしい生活とは何かを考えていきます。

1 現代社会と私たちと文 明たちと文

2 よりよい社会とルール

3 法と日本国憲 基本的人権

4 私たちと平和主義

5 現代の民主の政治と日本

6 三権分立と国の政治の仕組み

7 地方自治と参住民の政治加

8 消費生活と市場経済

9 生産と労働

10 市場のしくみと金融

11 財政の役割祉と国民の福

12 これからの日本経済

13 国際社会の仕組みと平和の実現

14 これからの国際社会と私たち

本時のねらい

【思考・判断・表現】朝日訴訟を通して，「人間らしい生活」について自分なりに考えをもつことができる。

❷ 【展開】社会的事象の意味を見出す協働（つながる）

思考をゆさぶる発問：月600円の生活は人間らしい生活と言えるのかな？

展開場面では，生存権の内容を踏まえ，「人間らしい生活」について考えます。本時では，子どもたちが考えを表現する際，「言える」「言えない」の立場を選択させた上で話し合いを進めました。子どもたちは憲法に明記されている「最低限度」という言葉に着目する姿が見られました。子どもたちとのやりとりを以下に示します。

S：生きられるのであれば最低限であると言えると思う。
S：パンツが1年に1枚は最低限を下回っていると思う。
S：最低限度はもう少しまともな生活だと思う。パンツが1枚はあまりにも……。
S：自分だったら，当時の600円の生活じゃ耐えきれない。
S：憲法が想定している最低限度って何なんだろう……。

❸ 【まとめ】探究的な学びへとつなげるふり返り（創り出す）

探究へつなぐ発問：「最低限度の生活」ってどんな生活だろう？

授業のまとめでは，展開場面での話し合いを踏まえ，「最低限度の生活」について改めて考えました。授業のはじめには生存権について具体的にイメージできていない子どももいましたが，互いの意見を聞きながら考えを深められた記述が見られました。

「最低限度の生活」とはどんな生活？

私は、最低限度の生活は憲法にある「健康で文化的な最低限度の生活」ことを身体的に健康的に過ごせるための用品が揃っており、精神的な健康を保てるようにできるお金のある状態だと思う。朝日さんの下着、靴下の枚数は流石に健康にも影響がありそうだし、私はこの生活で正気でいられる気がしない。文化的なこと、少しの娯楽もないのは苦しいと思った。

評価のポイント

・❷❸の場面について，朝日訴訟をもとに生存権の意味を自分なりに整理しているか。

8　この働き方，大丈夫？　〜社会権〜
（1時間構成）

板書

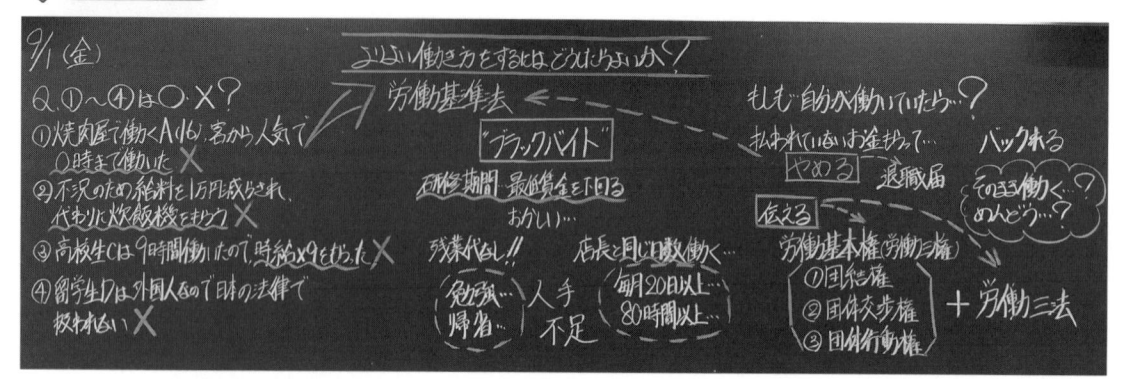

見方・考え方を働かせる授業デザイン

❶　【導入】深い学びを生む「問い」（かかわる）

> 本時の問いへつなぐ発問：①〜④の働き方は○？×？

　導入では，働き方に関するクイズから始めました。クイズの内容は右の資料の4つです。結論としては①〜④全て間違いですが，一見大丈夫そうなものもあるので多くの子どもが間違えます。身近なアルバイトに関するクイズから本時の問いへつなげます。

Q.次の①〜④は○？×？

① 焼肉屋で働くA（高校1年）は客から人気もあったので、深夜0時まで働いた。
② 今月は不況で売り上げが激減したため、労働者への賃金が1万円減らされることになり、Bは穴埋めとして工場で作られている炊飯器をもらった。
③ 高校生のCは忙しかった日、9時間働いたので、時給×9時間の日給をもらった。
④ 高校生Cの同級生で留学生Dは、コンビニで働いている。Dは外国人であるから、労働基準法が適用されない。

1 現代社会と
私たちと文
明

2 よりよい社
会とルール

3 基本的人権
法と日本国憲

4 私たちと平
和主義

5 現代の民主
の政治と日本

6 三権分立と
国の政治の
仕組み

7 地方自治と
住民の政治
参加

8 消費生活と
市場経済

9 生産と労働

10 市場のしく
みと金融

11 財政の役割
社と国民の福

12 これからの
日本経済

13 国際社会の
仕組みと平
和の実現

14 これからの
国際社会と
私たち

💡 本時のねらい

【知識・技能】違法なアルバイトを通して，労働に関する法律や権利を理解することができる。

❷ 【展開】社会的事象の意味を見出す協働（つながる）

> 思考をゆさぶる発問：よりよい働き方をするにはどうしたらよいかな？

展開場面では，働き手に着目して労働について考えます。そのきっかけとして，新聞記事を活用して具体的なアルバイトのエピソードをもとにしながら，労働時間や労働環境の問題点をつかむことができるようにしました。その上で，労働者を守るためにどのような法律や権利が保障されているのか確認しました。

バイト学生は「辞めたい」言い出せず

　3年前の飲食店での体験を寄せてくれた名古屋市の女子大学生を取材しました。求人には時給800円となっていたのに，「研修期間だから」と言われ，最初の2カ月は当時の愛知県の最低賃金750円を下回る700円で働いていたそうです。友達に「最低賃金より安いのはおかしい」と言われましたが，「個人経営だから仕方ないのかな」と思っていました。時給はその後850円まで上がりましたが，午後10時以降に働かせた場合に法律で義務づけられている深夜の割増賃金は支払われていませんでした。店長は「どれだけ給料を払っていると思っているんだ」などと来店客の前で叱ることもあり，「辞めたいと何度も思ったけど，怖くて言い出せなかった」そうです。結局，1年ほど経ち，休みで実家に戻ることをきっかけに辞めました。今振り返ると「最近の若者はダメだ」と自分を含めて思われるのが嫌で，必要以上に頑張ってしまったと感じているそうです。

（朝日新聞2015年5月25日より）

❸ 【まとめ】探究的な学びへとつなげるふり返り（創り出す）

> 探究へつなぐ発問：こんなときどうする？！　労働基本権をもとに働き方の提案をしよう。

授業のまとめでは，導入で扱った①〜④の場面をもとに，働き方の提案をどのようにしたらよいか考えました。実際の授業では，「団結権」「団体交渉権」「団体行動権」のいずれかをキーワードとして用いることを指定し，提案内容を記述する活動を位置付けました。

私が選んだ事例

② 今月は不況で売り上げが激減したため，労働者への賃金が1万円減らされることになり，Bは穴埋めとして工場で作られている炊飯器をもらった。

何と提案する？！

不況のため，経営が厳しいのは十分分かりますが，採用された際の賃金を払っていただきたいです。労働基本権の中の団体行動権でも認められているように今回こうした提案をさせていただきました。ご検討よろしくお願いします。

📈 評価のポイント

・②③の場面について，労働三法や労働基本権をもとに労働者の権利を理解することができているか。

9 自由権があるのに，免許や資格があるのはなぜ？ ～公共の福祉～

（1時間構成）

板書

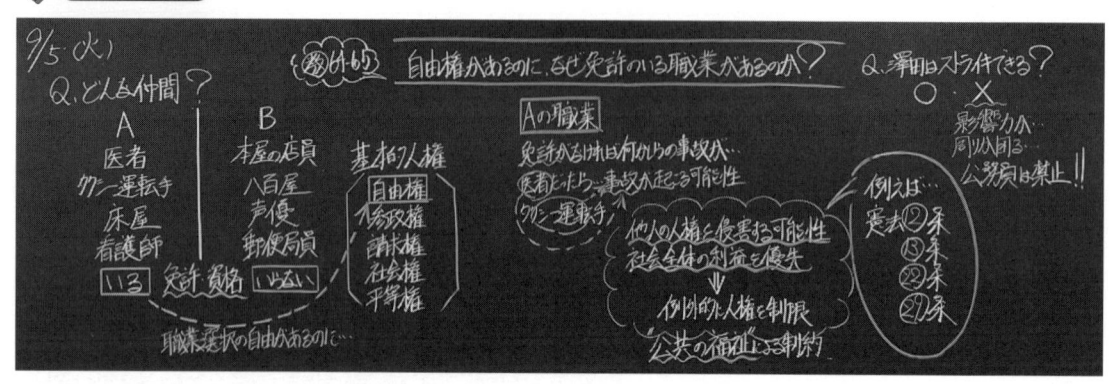

見方・考え方を働かせる授業デザイン

❶ 【導入】深い学びを生む「問い」（かかわる）

> 本時の問いへつなぐ発問：「いる」「いらない」……，何の仲間分けかな？

　導入では，仲間分けの活動を行いました。グループAは免許や資格が「必要」，グループB は免許・資格が「必要ではない」というグループになっています。しかし，国民は職業選択の 自由が保障されています。こうした疑問をもとに本時の問いへつなげました。

Q.どんな仲間分け？

A「必要」	B「必要ではない」
医者 タクシー運転手 床屋 看護師	本屋の店員 八百屋 声優 郵便局員

1 現代社会と私たちと文明
2 よりよい社会とルール
3 基本的人権と日本国憲法
4 私たちと平和主義
5 現代の民主政治と日本の政治
6 三権分立と国の政治の仕組み
7 地方自治と住民の政治参加
8 消費生活と市場経済
9 生産と労働
10 市場のしくみと金融
11 財政の役割と国民の福祉
12 これからの日本経済
13 国際社会の仕組みと平和の実現
14 これからの国際社会と私たち

本時のねらい

【知識・技能】免許や資格が必要な職業について話し合うことを通して，公共の福祉の意義を理解することができる。

❷ 【展開】社会的事象の意味を見出す協働（つながる）

> 思考をゆさぶる発問：自由権があるのに，なぜ免許のいる職業があるのかな？

　展開場面では，特定の職業で免許や資格が必要な理由について話し合うことを通して，公共の福祉のつながりを見出せるようにしました。子どもたちからは「もしも，医者を誰でもできるようになってしまったら……」などと子どもたちなりの表現で他者の人権を侵害する可能性について語る姿が見られました。子どもたちとのやりとりを以下に示します。

> S：Aの職業は免許がなかったときに，事故が起きる可能性があるね。
> T：職業選択の自由よりも事故を防ぐことが優先ってこと？
> S：もしも，医者を誰でもできるようになってしまったら，死亡事故が起きてしまう可能性がある……。
> S：タクシーの運転手も免許がない人が運転したら大変！
> T：みんなが話し合ったように，他者の人権を侵害する可能性がある場合や，社会全体の利益を優先する必要がある場合には，例外的に人権の制約を認めることがあります。

❸ 【まとめ】探究的な学びへとつなげるふり返り（創り出す）

> 探究へつなぐ発問：先生はストライキできる？○か？×か？

　授業のまとめでは，公務員のストライキを例に公共の福祉による人権の制約の例を考えました。○の理由を問うことで，公共の福祉の意味を理解しているか確認しました。

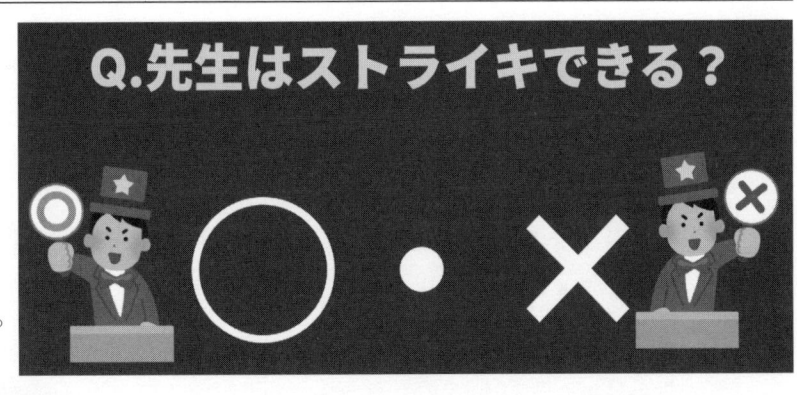

評価のポイント

・②の場面について，具体的な場面を想起し，公共の福祉の意味を理解することができているか。

10　単元の学びから見える基本的人権

（1時間構成）

子どもが作成した単元のまとめ

見方・考え方を働かせる授業デザイン

1 現代社会と私たちと文明
2 よりよい社会とルール
3 基本的人権と日本国憲法
4 私たちと平和主義
5 現代の民主政治と日本の政治
6 三権分立と国の政治の仕組み
7 地方自治と住民の政治参加
8 消費生活と市場経済
9 生産と労働
10 市場のしくみと金融
11 財政の役割と国民の福祉
12 これからの日本経済
13 国際社会の仕組みと平和の実現
14 これからの国際社会と私たち

本時のねらい

【思考・判断・表現】日本国憲法に定められた自由や権利の中で，大切にしたいものを自分なりに表現することができる。

【展開】社会的事象の意味を見出す協働（つながる）

思考をゆさぶる発問：単元を通して，自分が大切にしたい自由や権利は何ですか？

展開場面では，「単元を通して，自分が大切にしたい自由や権利は何ですか？」と問いかけた上で，キャッチコピーのように短い言葉とポスターで自分の想いを表現する活動を位置付けました。改めて単元の学びを振り返ることができるようにするとともに，一人ひとりの「学びのこだわり」を表現できるようにしました。

ポスターに込めた思い

自分は精神活動の自由を表しました。広告だけでは何を言ってるのかわかりづらいですが，自分は自分の持っている一つの「いし」（石、意志）の広げ方や、どのように広げていくかを表しました。自分の考えを表し、波紋を呼ぶことから「一石を投じる」ということわざにかけて広告を作りました。また、捉え方によっては参政権（選挙関係）にもつながると思います。

一石を投じる
あなたの投げた「いし」は、どこに波紋を呼ぶ？

評価のポイント

・【展開】の場面について，基本的人権の意義と役割を捉え，表現することができているか。

4 私たちと平和主義

1 原爆ドームが世界遺産になったのはどうして？ （1時間構成）

板書

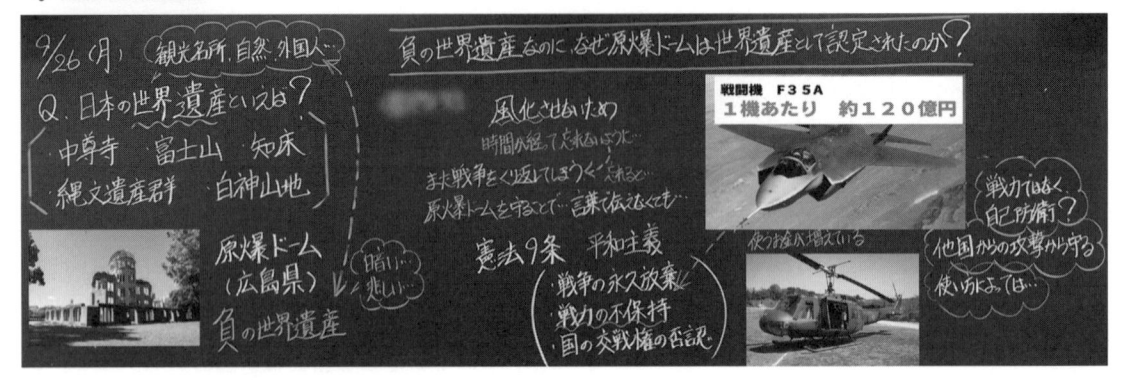

見方・考え方を働かせる授業デザイン

❶ 【導入】深い学びを生む「問い」（かかわる）

本時の問いへつなぐ発問：日本の世界遺産といえば？

　導入では，子どもたちがイメージする日本の世界遺産を共有します。中尊寺金色堂など，歴史があるものなどが挙げられました。その上で，原爆ドームの写真を提示します。「負の世界遺産」であり，それまでに挙げられた世界遺産とは違います。こうした認識のずれをもとに，本時の問いへつなげました。

Q.日本の世界遺産といえば？

- 中尊寺金色堂
- 富士山
- 知床
- 白神山地
- 縄文遺跡群

歴史がある　美しい場所

原爆ドームも世界遺産！？

1 現代社会と文明 私たちと文
2 よりよい社会とルール 会とルール
3 基本的人権と日本国憲法
4 私たちと平和主義
5 現代の民主政治と日本の政治
6 三権分立と国の政治の仕組み
7 地方自治と住民の政治参加
8 消費生活と市場経済
9 生産と労働
10 市場のしくみと金融
11 財政の役割と国民の福祉
12 これからの日本経済
13 国際社会の仕組みと平和の実現
14 これからの国際社会と私たち

本時のねらい

【思考・判断・表現】原爆ドームが世界遺産となった理由について，第二次世界大戦などの歴史的背景や平和主義とのつながりをもとに説明することができる。

❷ 【展開】社会的事象の意味を見出す協働（つながる）

> 思考をゆさぶる発問：負の遺産なのに，なぜ原爆ドームは世界遺産になったのかな？

　展開場面では，原爆ドームが世界遺産に登録された理由を話し合います。本時で着目したのは，「核兵器の廃絶」と「平和への願い」の2点です。特に，「平和への願い」については，日本国憲法における平和主義の内容と関連付けながら説明する子どもたちの姿が見られました。

【核兵器の廃絶】
- 人類史上初めて使用された核兵器の惨禍を如実に伝え、時代を超えて核兵器の廃絶を訴え続ける

【平和への願い】
- 平和主義を掲げる日本が、決して喜ばしい歴史ではないものの、後世へ語り継いでいく

❸ 【まとめ】探究的な学びへとつなげるふり返り（創り出す）

> 探究へつなぐ発問：「平和主義」の日本にも戦闘機は必要だろうか？

　授業のまとめでは，「平和主義」を掲げる日本においても，戦闘機があることについて金額とともに伝えます。平和について考えるきっかけをつくり，次時へつなげます。

戦闘機 F35A
1機あたり　約120億円

評価のポイント

・❷❸の場面について，歴史的背景や平和主義をもとに自分の考えを述べられているか。

4　私たちと平和主義

2　平和主義があるのに, 自衛隊があるのはどうして？ （1時間構成）

板書

見方・考え方を働かせる授業デザイン

❶　【導入】深い学びを生む「問い」（かかわる）

> 本時の問いへつなぐ発問：（戦車などの資料を提示）どんなことがわかるだろう？

　導入では, 自衛隊が保有する戦車, 戦闘機, 潜水艦の写真を金額とともに提示します。「どんなことがわかるかな？」と問うと, 金額の大きさに着目すると考えます。こうした金額を踏まえて, 前時の平和主義と照らし合わせながら本時の問いへつなげます。

1 現代社会と私たちと文明
2 よりよい社会とルール
3 基本的人権と日本国憲法
4 私たちと平和主義
5 現代の民主政治と日本の政治
6 三権分立と国の政治の仕組み
7 地方自治と住民の政治参加
8 消費生活と市場経済
9 生産と労働
10 市場のしくみと金融
11 財政の役割と国民の福社
12 これからの日本経済
13 国際社会の仕組みと平和の実現
14 これからの国際社会と私たち

本時のねらい

【思考・判断・表現】自衛隊が設置されている理由について話し合うことを通して，自衛隊とその役割を説明することができる。

❷ 【展開】社会的事象の意味を見出す協働（つながる）

> 思考をゆさぶる発問：（日本の憲法には）平和主義があるのに，なぜ自衛隊を置くの？

展開場面では，「防衛」「災害派遣」「国際協力」の視点をもとに，本時の問いを解決しました。平和主義を掲げる他方，一定の防衛力をもつ自衛隊は国の防衛や国内外の災害時の支援活動において活躍しています。話し合いの際には，３つの視点をもとにしながら，具体的な活動内容を子どもたちから引き出していきました。

国の防衛	災害派遣	国際協力
国の平和と独立を守り，国の安全を保つ。	大規模な災害が発生した際に，現地で救援や救助活動を行う。	国際社会の平和や安定に向けた活動に取り組む。

❸ 【まとめ】探究的な学びへとつなげるふり返り（創り出す）

> 探究へつなぐ発問：自衛隊は本当に「自衛のための必要最小限度の実力」と言えるの？

授業のまとめでは，防衛費の予算が令和６年度は約８兆円であったことを確認します。歴代政府の「『自衛のための必要最小限度の実力』を保持することは，憲法第９条で禁じている『戦力』ではない」という見解について感想を述べ合うことで次時へつなげます。

> **令和６年度予算　防衛関係費**
> **7900000000000円**
> **国家予算の７％**

評価のポイント

・②の場面について，自衛隊の役割を踏まえて，自衛隊の設置理由を説明することができているか。

4　私たちと平和主義

3　平和な社会を築くために
（1時間構成）

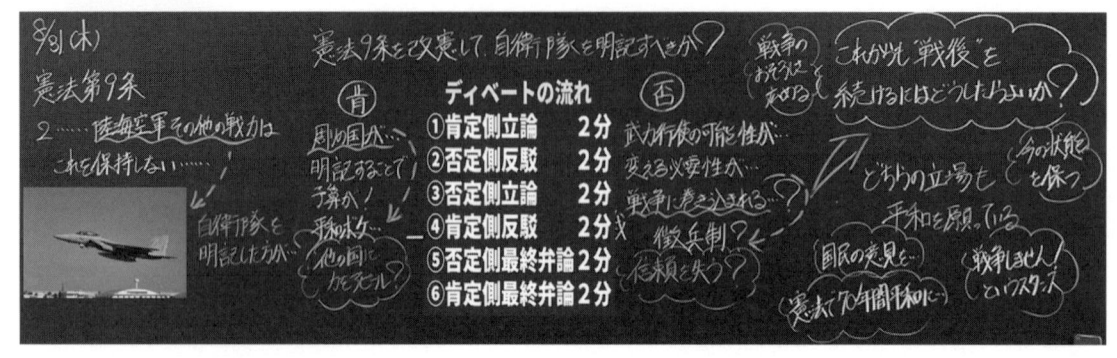

見方・考え方を働かせる授業デザイン

❶ 【導入】深い学びを生む「問い」（かかわる）

> 本時の問いへつなぐ発問：自衛隊は「自衛のための必要最小限度の実力」と言えるの？

　導入場面では，政府の「『自衛のための必要最小限度の実力』を保持することは日本国憲法第9条で禁じている『戦力』ではない」という見解を踏まえ，改めて自分の考えについて話し合いました。実際の授業では，導入の段階で子どもたちの意見が分かれたため，子どもの意見の違いを生かして本時の問いへつなげました。子どもの意見が分かれない場合には，子どもと反対の立場からの意見を教師が出し，ゆさぶることも考えられます。

1 現代社会と私たちと文明
2 よりよい社会とルール
3 基本的人権と日本国憲法
4 私たちと平和主義
5 現代の民主政治と日本の政治
6 三権分立と国の政治の仕組み
7 地方自治と住民の政治参加
8 消費生活と市場経済
9 生産と労働
10 市場のしくみと金融
11 財政の役割と国民の福祉
12 これからの日本経済
13 国際社会の仕組みと平和の実現
14 これからの国際社会と私たち

💡 本時のねらい

【思考・判断・表現】ディベートを通して，自衛隊の存在について自分なりの考えをもつことができる。

❷ 【展開】社会的事象の意味を見出す協働（つながる）

思考をゆさぶる発問：憲法9条を改憲して，「自衛隊」を明記すべきだろうか？

展開場面では，「憲法9条を改憲して，『自衛隊』を明記すべきか？」をテーマにディベートを行いました。本時では，あくまでも考えを深めることが目的であるため，子どもたちの立場は教師側で半々に分けました。ディベートの際には，教師は介入せずに子どもたちの意見を板書に整理していきました。ディベートの進め方は右の資料となっています。一単位時間完結でディベートを終えたため，それぞれのセクションは短めで行いました。

> **ディベートの流れ**
> ① 肯定側立論　　2分
> ② 否定側反駁　　2分
> ③ 否定側立論　　2分
> ④ 肯定側反駁　　2分
> ⑤ 否定側最終弁論 2分
> ⑥ 肯定側最終弁論 2分

❸ 【まとめ】探究的な学びへとつなげるふり返り（創り出す）

探究へつなぐ発問：これからも「戦後」を続けるにはどうしたらよいかな？

授業のまとめでは，ディベートでの意見を踏まえ，自分の考えを記述しました。ディベートにおいて多様な考えが出されると考えますが，それぞれの意見に共通するのは「どちらの立場も平和を願っていること」です。この視点を子どもたちと共有することで，「どちらがよい」ではなく，それぞれの考えを尊重することにつながると考えます。

評価のポイント

・②③の問いについて，自衛隊の存在について自分なりの考えをもつことができているか。

5　現代の民主政治と日本の政治

1　民主政治はよい政治？

（1時間構成）

 板書

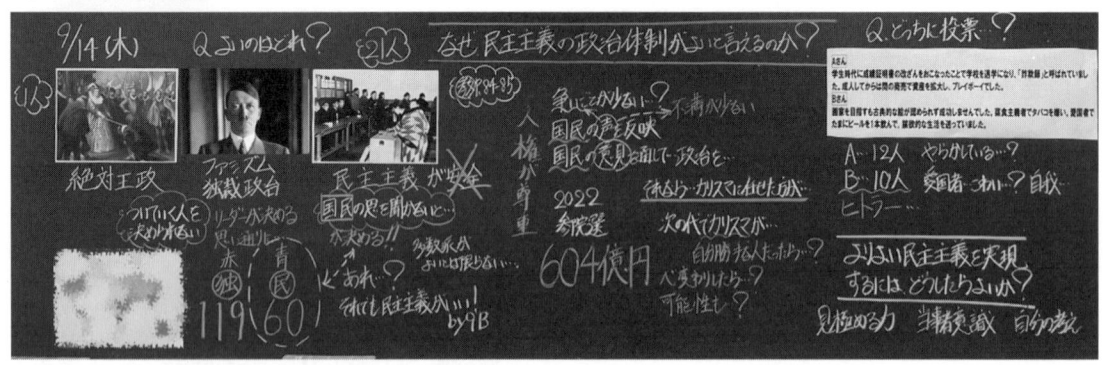

見方・考え方を働かせる授業デザイン

❶　【導入】深い学びを生む「問い」（かかわる）

> 本時の問いへつなぐ発問：よいと思うのはどの政治かな？

　導入では，右のような問いかけを通して，民主主義がよいと考える子が多いことを共有しました。しかし，世界的に見ると179ヶ国の中で独裁に分類されるのが119ヶ国，民主主義は60ヶ国と少数派です（英オックスフォード大学「Our World in Data」）。こうした事実をもとに，子どもたちの考えをゆさぶり，本時の問いへとつなげていきました。

1 現代社会と
私たちと文
明

2 よりよい社
会とルール

3 基本的人権
法と日本国憲

4 私たちと平
和主義

5 現代の民主
政治と日本
の政治

6 三権分立と
国の政治の
仕組み

7 地方自治と
住民の政治
参加

8 消費生活と
市場経済

9 生産と労働

10 市場のしく
みと金融

11 財政の役割
と国民の福
社

12 これからの
日本経済

13 国際社会の
仕組みと平
和の実現

14 これからの
国際社会と
私たち

本時のねらい

【知識・技能】よりよい政治のあり方を話し合い，民主主義の考え方を理解することができる。

❷ 【展開】社会的事象の意味を見出す協働（つながる）

思考をゆさぶる発問：なぜ民主主義の政治体制がよいと言えるのかな？

　展開場面では，民主主義の考え方をもとに，民主主義のよさについて話し合いを進めました。話し合いの際には，2022年の参院選では604億円の費用がかかった事実を伝えることを通して子どもたちの考えをゆさぶりつつ，独裁政治の危険性を引き出しました。

S：国民の声を反映しているところが民主主義のよいところだと考えました。
S：国民の意見を聞いて政治をするため，一人ひとりの権利も大切にされているね。
T：2022年の参院選では604億円の費用がかかっています。それならカリスマ性のある政治家に独裁政治をしてもらったらいいんじゃないかな？
S：心変わりしたら困る！
S：一時的にはいいかもしれないけど，そのあとが続かないんじゃないかな？

❸ 【まとめ】探究的な学びへとつなげるふり返り（創り出す）

探究へつなぐ発問：あなたならどちらに投票しますか？

　A・Bのどちらに投票するのか問いました。実際の授業では，およそ五分五分に分かれました。結論はAがシンドラー，Bがヒトラーです。ヒトラーが民主主義のもとで選ばれたことを確認することで，国民が考えながら政治に参加することの大切さに気付けるようにしました。

Aさん
学生時代に成績証明書の改ざんを行ったことで学校を退学になり，「詐欺師」と呼ばれていました。成人してからは闇の商売で資産を拡大し，プレイボーイでした。

Bさん
画家を目指すも古典的な絵が認められず成功しませんでした。菜食主義者でタバコを嫌い，愛国者でたまにビールを1本飲んで，禁欲的な生活を送っていました。

評価のポイント

・②③の場面について，話し合いを通して民主主義の考え方や手続きを理解することができているか。

5　現代の民主政治と日本の政治

2　国会は信頼されていない？　（1時間構成）

📷 板書

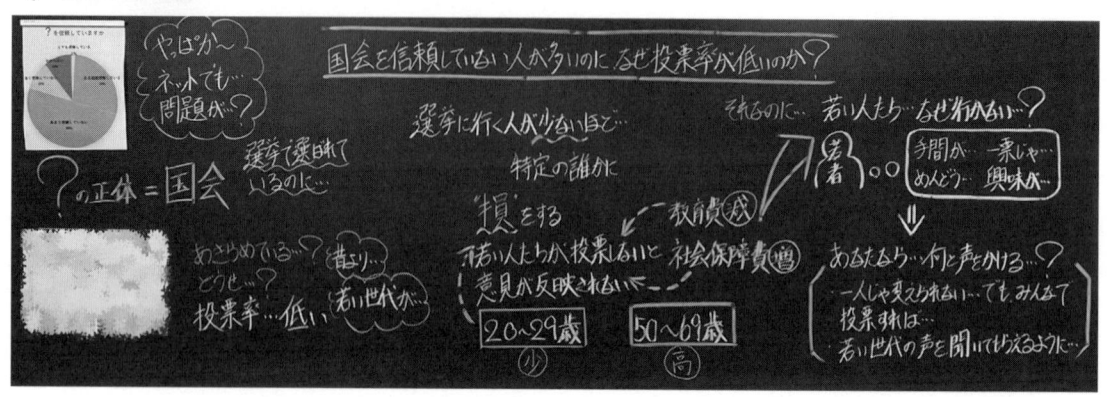

見方・考え方を働かせる授業デザイン

❶ 【導入】深い学びを生む「問い」（かかわる）

本時の問いへつなぐ発問：「？」に当てはまるのはどんな言葉かな？

導入では，右のグラフを提示し，「？」に当てはまる言葉を考えます。「？」に当てはまる言葉は「国会」です。グラフを見た感想を問うと，信頼している人の少なさに驚く声が多くありました。

その上で，日本の投票率の推移がわかる資料を提示し，投票率が年々下がっていることに着目させます。右のグラフと照らし合わせ，「国会を信頼していない人が多いのに，なぜ選挙に行かない人が多いのか？」という問いへつなげました。

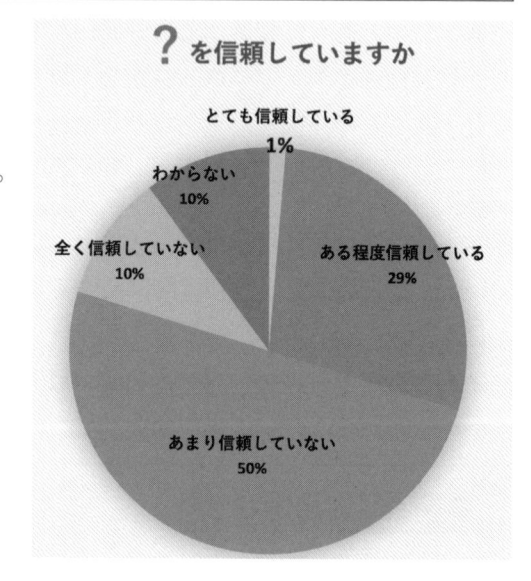

？を信頼していますか

- とても信頼している　1%
- わからない　10%
- 全く信頼していない　10%
- ある程度信頼している　29%
- あまり信頼していない　50%

1 現代社会と私たちと文明

2 よりよい社会とルール

3 基本的人権と日本国憲法

4 私たちと平和主義

5 現代の民主政治と日本の政治

6 三権分立と国の政治の仕組み

7 地方自治と住民の政治参加

8 消費生活と市場経済

9 生産と労働

10 市場のしくみと金融

11 財政の役割と国民の福祉

12 これからの日本経済

13 国際社会の仕組みと平和の実現

14 これからの国際社会と私たち

💡 本時のねらい

【思考・判断・表現】選挙の課題について話し合うことを通して，投票率の低下による問題を説明することができる。

❷ 【展開】社会的事象の意味を見出す協働（つながる）

> 思考をゆさぶる発問：国会を信頼していない人が多いのに，なぜ投票率が低いのかな？

展開場面では，投票率が低いことによる問題について話し合いました。「投票率を上げればよい」という一面的な見方にとどまらず，世代別投票率と関わらせながら投票する世代の偏りによる問題などを考えられるようにしました。子どもたちとのやりとりを以下に示します。

> S：選挙に行く人が少ないほど特定の候補者に偏ってしまうんじゃない？
> S：例えば，若い人が投票に行かないと結果的に損をしてしまうと思う。
> T：どうして損をするの？
> S：年齢が高い世代が投票率が高いから，候補者もその世代に向けた政策を掲げるんじゃないかな？
> S：若い世代で投票をしない人が多いと，教育費などが減らされて，社会保障費が増えていくことにもつながってしまうと思う。

❸ 【まとめ】探究的な学びへとつなげるふり返り（創り出す）

> 探究へつなぐ発問：投票に行かない若い世代の人たちにあなたなら何と声をかける？

授業のまとめでは，選挙へ行かない若い世代の人たちへのインタビュー映像を視聴しました。「自分の1票で世の中は変わらない」「よいと思う候補者がいない」などさまざまな理由を聞いた上で，「自分なら選挙に行かない人たちに何と声をかけるか？」を考え，自分事へとつなげられるようにしました。

投票に行かない若い世代にあなたなら何と声をかける？

一人じゃ変えられない・・・
でも、みんなとなら変えられる！

📋 評価のポイント

・②の場面について，投票率の低下による問題点を明らかにして自分の考えを説明することができているか。

3　たくさんの政党があるのはどうして？　（1時間構成）

板書

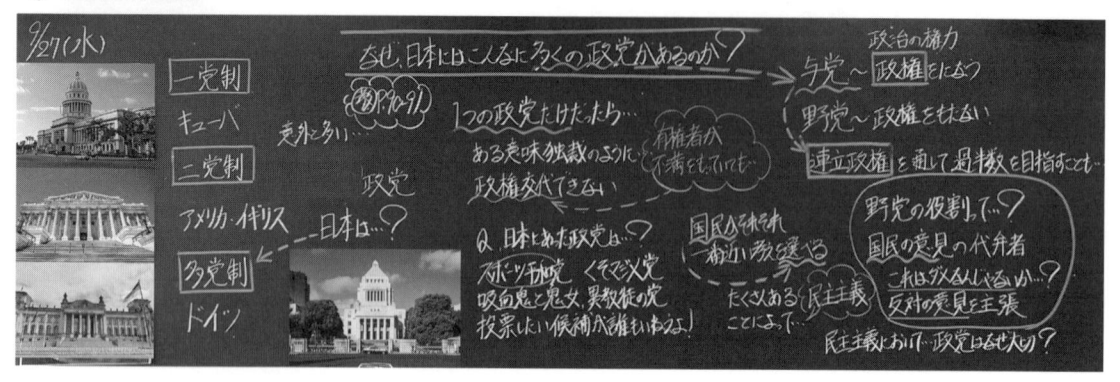

見方・考え方を働かせる授業デザイン

❶ 【導入】深い学びを生む「問い」（かかわる）

> 本時の問いへつなぐ発問：「1」「2」「たくさん」……，何の数？

　導入では，「キューバは1，アメリカは2，ドイツはたくさん……，何の数？」と言葉だけを板書した上で，資料として各国の国会の写真を提示します。キューバは一党制，アメリカは二党制，ドイツは多党制です。子どもたちに「日本は？」と問うと，教科書で調べ始めます。日本が多党制であることを確認した上で，本時の問いへつなげていきます。

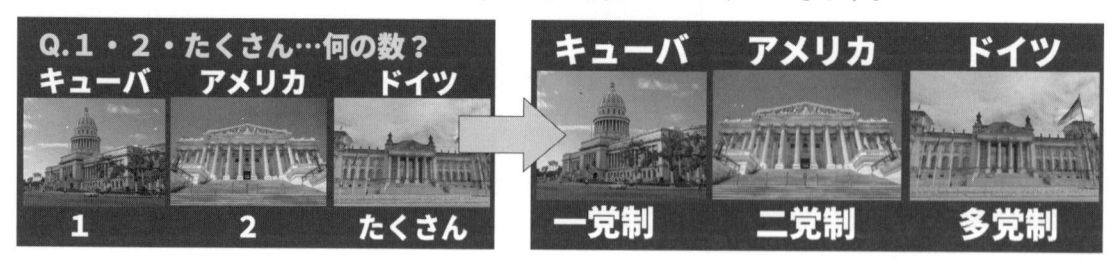

1 私たちと文明 現代社会と

2 よりよい社会とルール

3 基本的人権と日本国憲法

4 私たちと平和主義

5 現代の民主政治と日本の政治

6 三権分立と国の政治の仕組み

7 地方自治と住民の政治参加

8 消費生活と市場経済

9 生産と労働

10 市場のしくみと金融

11 財政と国民の役割と福祉

12 これからの日本経済

13 国際社会の仕組みと平和の実現

14 これからの国際社会と私たち

💡 本時のねらい

【知識・技能】政党がもつ意義や役割について理解することができる。

❷ 【展開】社会的事象の意味を見出す協働（つながる）

思考をゆさぶる発問：なぜ日本には，こんなに多くの政党があるのか？

展開場面では，多くの政党が存在する理由について考えます。実際の授業では，多くの政党があることのよさや，一つしか政党がなかったときの状況などをイメージしながら話し合う姿が見られました。子どもたちとのやりとりを以下に示します。

> S：もしも，一つしか政党がなかったら政権交代ができないから，国民の意見を反映しにくいんじゃないかな？
> S：政権交代ができないから，有権者が不満をもっていたとしても一つの政党に託すしかなくなってしまう。
> T：でも，アメリカのように二党制の国もあるのに，どうして日本は多党制なのかな？
> S：国民の多様な考え方を政治に生かすことができるんじゃないかな？
> S：多くの政党があると，それぞれ自分の考え方に合った政党を選べるよね。

話し合いの後，与党・野党の役割について確認し，政党政治の意味を見出していきました。

❸ 【まとめ】探究的な学びへとつなげるふり返り（創り出す）

探究へつなぐ発問：日本に多くの政党があるのはどうして？　自分の言葉で説明しよう！

授業のまとめでは，本時の学びを改めて自分の言葉で整理するために，日本に多くの政党が存在する理由について記述する活動を位置付けました。展開場面での話し合いを踏まえて，自分なりに考えを表現する姿が見られました。

Q.日本に多くの政党があるのはどうして？

国民はみんなが同じ意見なわけがないから一番自分に近い党を選ぶためにたくさんの党が必要だと思う。政党が一つとかだったら政治家たちの思い通りに政治してしまって国民の思いが反映されないかもしれない。

📝 評価のポイント

・❷❸の問いについて，話し合いや記述の中で政党がもつ意義や役割を理解することができているか。

1 国会議員はうらやましい？

（1時間構成）

 板書

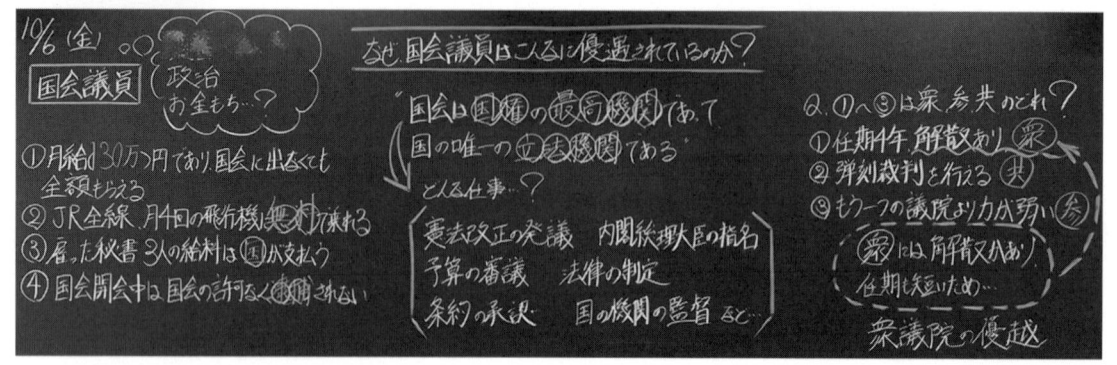

見方・考え方を働かせる授業デザイン

❶ 【導入】深い学びを生む「問い」（かかわる）

本時の問いへつなぐ発問：「？」に当てはまるのは何だろう？

導入では，国会議員に関するクイズを出します。実際の授業では，「？」に当てはまる言葉や数字を予想する活動を位置付けました。「？」に当てはまるのは①から順に，「130」「無料」「国」「逮捕」です（授業時点）。クイズの後，子どもたちからは「うらやましい！」などの反応が上がったため，そうした反応をもとに本時の問いへつなげていきました。

①月給「？」万円であり、国会に出なくても全額もらえる
②JR全線、月４回の飛行機に「？」で乗れる
③雇った秘書３人の給料は「？」が支払う
④国会の開会中は国会の許可なく「？」されない

1 現代社会と私たちと文明
2 よりよい社会とルール
3 基本的人権法と日本国憲
4 私たちと平和主義
5 現代の民主政治と日本の政治
6 三権分立と国の政治の仕組み
7 地方自治と住民の政治参加
8 消費生活と市場経済
9 生産と労働
10 市場のしくみと金融
11 財政の役割と国民の福祉
12 これからの日本経済
13 国際社会の仕組みと平和の実現
14 これからの国際社会と私たち

💡 本時のねらい

【知識・理解】国会議員が優遇されている理由について話し合うことを通して，国会議員の仕事の内容を理解することができる。

❷ 【展開】社会的事象の意味を見出す協働（つながる）

> 思考をゆさぶる発問：なぜ国会議員はこんなに優遇されているのかな？

　展開場面では，国会議員が優遇されている理由について，国会議員の仕事の内容をもとに説明します。本時で着目したのは憲法第41条と国会議員の仕事の内容です。憲法における国会の位置付けや，法律をつくることに携わる責任を踏まえて，問いの解決に向けて話し合いを進めました。

ポイント①	ポイント②
憲法第41条では，「国会は国権の最高機関であって国の唯一の立法機関である」と定められており，国会議員は国民の代表者であることがわかる。	議員の仕事として，「憲法改正の発議」「法律の制定」「予算の審議」があり，国民の代表としてさまざまな仕事を行っている。

❸ 【まとめ】探究的な学びへとつなげるふり返り（創り出す）

> 探究へつなぐ発問：①〜③は衆議院？参議院？どちらにも当てはまる？

　授業のまとめでは，衆議院・参議院のきまりや仕事を確認します。教師側から知識を伝達することも大切ですが，必要に応じてクイズ形式にすることで，子どもが自ら調べて知識を獲得することにつながります。

> Q.①〜③は「衆議院」「参議院」「どちらにも当てはまる」のどれだろう？
>
> ①任期が４年、解散がある
> ②弾劾裁判を行うことができる
> ③もう一つの議院より力が弱い

📋 評価のポイント

・②の場面について，国会議員の仕事の内容をもとに理解することができているか。

2 先生は総理大臣になれる？

（1時間構成）

📷 板書

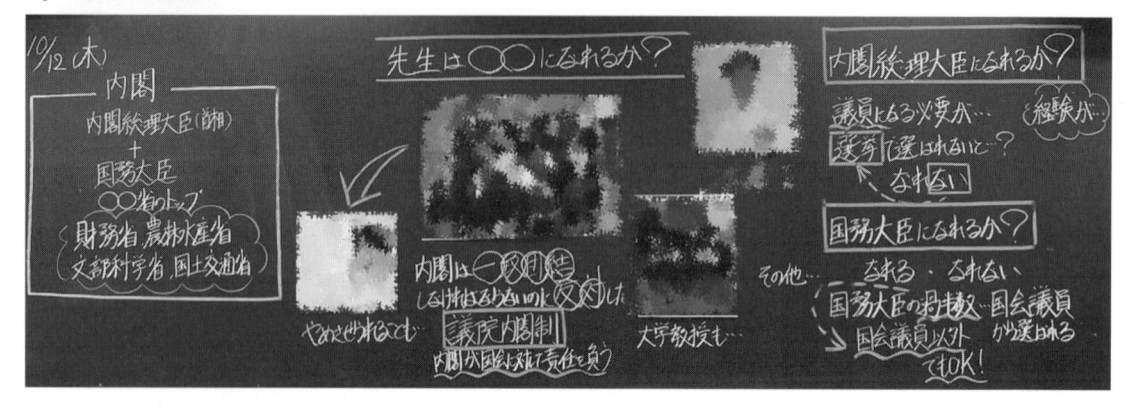

見方・考え方を働かせる授業デザイン

❶ 【導入】深い学びを生む「問い」（かかわる）

本時の問いへつなぐ発問：先生は国会議員になれるかな？

導入では，内閣の構成について確認しました。その上で，「先生は国会議員になれるかな？」と問います。実際の授業では，「無理！」「経験がないからなれない！」などの反応が上がりました。結論としては，教員を辞めた際，議員に立候補できます。本時では，こうして教員を例に内閣の組織について学んでいきます。

1 現代社会と
私たちと文
明

2 よりよい社
会とルール
会と

3 基本的人権
と日本国憲
法

4 私たちと平
和主義

5 現代の民主
政治と日本
の政治

6 三権分立と
国の政治の
仕組み

7 地方自治と
住民の政治
参加

8 消費生活と
市場経済

9 生産と労働

10 市場のしく
みと金融

11 財政の役割
と国民の福
祉

12 これからの
日本経済

13 国際社会の
仕組みと平
和の実現

14 これからの
国際社会と
私たち

💡 本時のねらい

【知識・技能】「先生は内閣総理大臣になれるか？」などの問いについて話し合うことを通して，内閣の仕組みについて理解できる。

❷ 【展開】社会的事象の意味を見出す協働（つながる）

> 思考をゆさぶる発問：先生は○○になれるか？

展開場面では，2つの問いを用意しました。1つ目は「先生は内閣総理大臣になれるか？」です。この問いについては，まず内閣総理大臣は国会議員である必要があるため，教員を辞めて国会議員になる必要があります。2つ目は「先生は国務大臣になれるか？」です。国務大臣は過半数が国会議員の中から選ぶことが定められていますが，内閣総理大臣と異なり，国務大臣については民間からの登用が認められています。

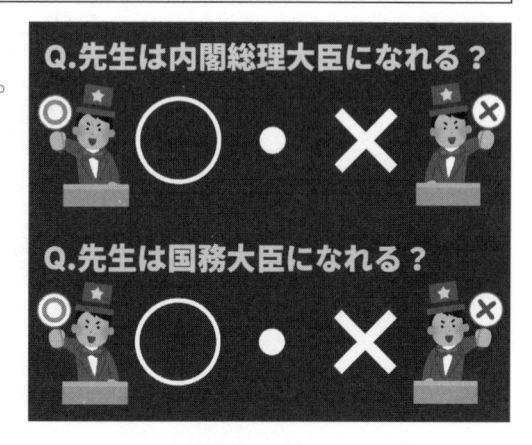

Q.先生は内閣総理大臣になれる？

Q.先生は国務大臣になれる？

❸ 【まとめ】探究的な学びへとつなげるふり返り（創り出す）

> 探究へつなぐ発問：国務大臣が辞めさせられるのは，どんなときだろう？

授業のまとめでは，2010年，鳩山首相が福島担当相を罷免した記事を提示した上で，「国務大臣が辞めさせられるのはどんなときだろう？」と問います。実際の授業では，考えるきっかけとして，子どもたちに「議院内閣制」という言葉を与えました。内閣総理大臣は，内閣の統一を確保するため任意に国務大臣を罷免することができます。子どもたちの話し合いにおいて「内閣は一つのチームとしてまとまらなきゃいけないのに，意見がバラバラだと行政ができない」など，内閣の特徴を見出した上で問いを解決する姿が見られました。

📋 評価のポイント

・②の場面について，内閣の特徴を踏まえた上で理解することができているか。

6 三権分立と国の政治の仕組み

3 トラブルが起きたらどうする?!
～民事裁判～
（1時間構成）

 **板書**

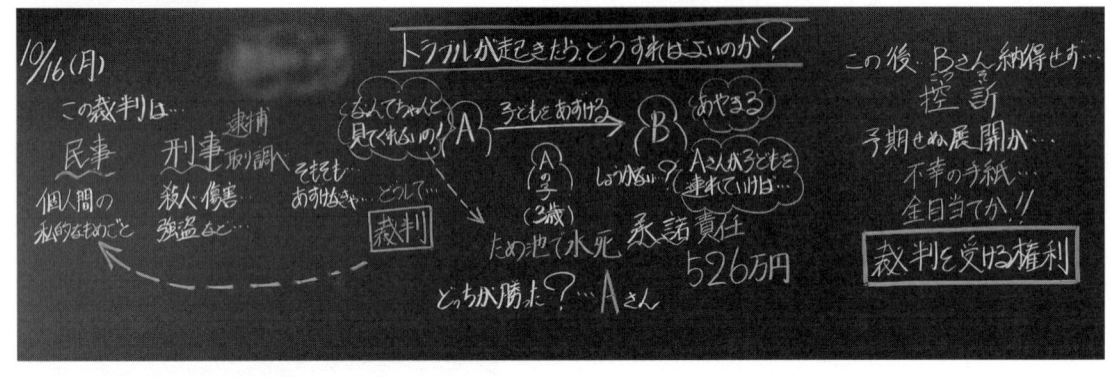

見方・考え方を働かせる授業デザイン

❶ 【導入】深い学びを生む「問い」（かかわる）

本時の問いへつなぐ発問：こんなトラブルが起きたらどうする？

　導入では，下のような資料の内容の事件を取り上げます。その上で，こうしたトラブルが起きたらどうするか問いかけると，多くの子どもたちは，人が亡くなっているから裁判になるのではないかと考えました。実際には，Aさんは納得ができず裁判を起こしたことを確認し，どのような結果となったのか予想させ，展開場面へつなげました。

こんなトラブルが起きたらどうする？

- Aさんは出かけている間、Bさんに子どもを預かってくれるかお願いをした。
- BさんはAさんの子どもを預かった。
- Bさんが公園でAさんの子どもを遊ばせている際、ため池でAさんの子どもが水死してしまった。

1 現代社会と私たちと文明

2 よりよい社会とルール

3 基本的人権と日本国憲法

4 私たちと平和主義

5 現代の民主政治と日本の政治

6 三権分立と国の政治の仕組み

7 地方自治と住民の政治参加

8 消費生活と市場経済

9 生産と労働

10 市場のしくみと金融

11 財政の役割と国民の福社

12 これからの日本経済

13 国際社会の仕組みと平和の実現

14 これからの国際社会と私たち

本時のねらい

【知識・技能】裁判の内容について話し合うことを通して，裁判の仕組みや裁判を受ける権利について理解できる。

❷ 【展開】社会的事象の意味を見出す協働（つながる）

思考をゆさぶる発問：トラブルが起きたらどうすればいいのかな？

展開場面では，導入で取り上げた裁判がどのような結果になったのか，事実をもとに話し合いました。子どもたちとのやりとりを以下に示します。

T：この裁判はどんな結果になっただろう？
S：Bさんの不注意で人が亡くなっているから，Bさんは勝てる見込みがないんじゃないかな……？
S：でも，Aさんがそもそも自分の子どもを預けなきゃよかったんじゃない？
S：私も，Aさんが子どもをBさんに預けたんだから，お願いしたAさんにも責任はあると思う。
S：でも，Bさんは預かる約束をして，承諾しているんだからBさんに責任があるんじゃないかな？

❸ 【まとめ】探究的な学びへとつなげるふり返り（創り出す）

探究へつなぐ発問：控訴したBさんのもとに何が起こったのかな？

授業のまとめでは，第一審においてAさんに勝訴判決が出たことを確認します。その後，Bさんが控訴をした後に予期せぬ展開が起きます。なんとBさんのもとへ全国から「控訴するな」「金目当てか」という手紙が送られてきたのです。そして，裁判所は異例の事態として「誰もが裁判を受ける権利が認められている」というメッセージを全国に向けて出しました。

本時では，単に裁判の仕組みに終始するのではなく，一つの裁判をきっかけに，ストーリー性をもたせながら裁判の仕組みや国民の権利について改めて考えました。

評価のポイント

・❷❸の問いについて，具体的な場面を想起しながら裁判の仕組みなどを理解することができているか。

6　三権分立と国の政治の仕組み

4　みんな同じ給料 ?!　〜三権分立〜

(1時間構成)

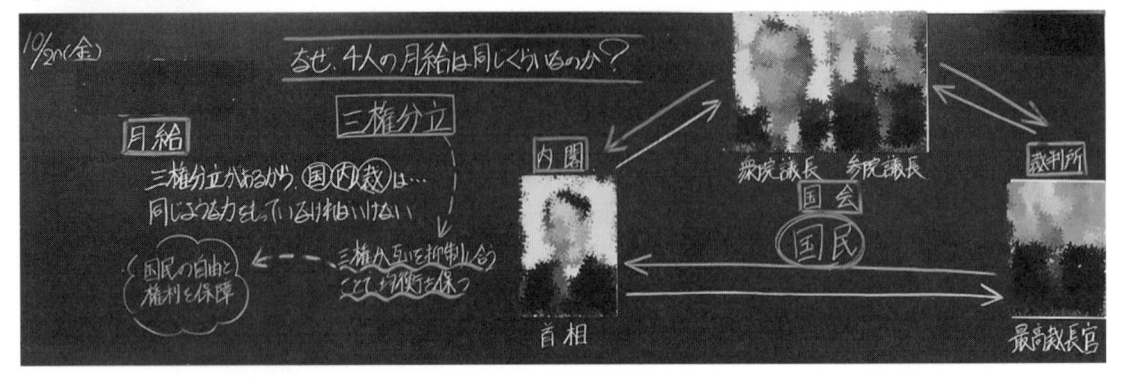

見方・考え方を働かせる授業デザイン

❶　【導入】深い学びを生む「問い」（かかわる）

本時の問いへつなぐ発問：4人の中で最も月給が高いのは誰かな？

　導入では，内閣総理大臣・衆院議長・参院議長・最高裁長官の月給を予想する活動を取り入れます。子どもたちは「やっぱり内閣総理大臣が高いんじゃない？」「でも裁判も責任重大だから高いんじ

> ### Q. 4人の中で最も月給が高いのは誰だろう？
> ①内閣総理大臣　　　②衆議院議長
> ③参議院議長　　　　④最高裁判官長官
> ⬇
> 正解は…
> ## 四人ともほぼ同じ月給！

ゃないかな？」など，それぞれに自分の考えを表現する姿が見られました。結論としては4人とも約200万円でほぼ同じ月給です。4人ともが同じような月給であることに着目し，展開場面へとつなげていきました。

（１）現代社会と私たちと文明

（２）よりよい社会とルール

（３）基本的人権と日本国憲法

（４）私たちと平和主義

（５）現代の民主政治と日本の政治

（６）三権分立と国の政治の仕組み

（７）地方自治と住民の政治参加

（８）消費生活と市場経済

（９）生産と労働

（10）市場のしくみと金融

（11）財政と国民の福祉社会の役割

（12）これからの日本経済

（13）国際社会の仕組みと平和の実現

（14）これからの国際社会と私たち

本時のねらい

【知識・技能】内閣総理大臣・衆院議長・参院議長・最高裁長官が同じくらいの月給である理由について話し合うことを通して，三権分立の意味を理解することができる。

❷ 【展開】社会的事象の意味を見出す協働（つながる）

> 思考をゆさぶる発問：なぜ４人の月給は同じくらいなのかな？

展開場面では，内閣総理大臣・衆院議長・参院議長・最高裁長官が同じくらいの月給である理由について話し合いました。しかし，子どもたちはヒントなしには，この問いはなかなか解決できないと考えます。そこで，板書上に矢印を書き加えることで，「三権分立」の関係性を引き出せるようにしました。その上で，

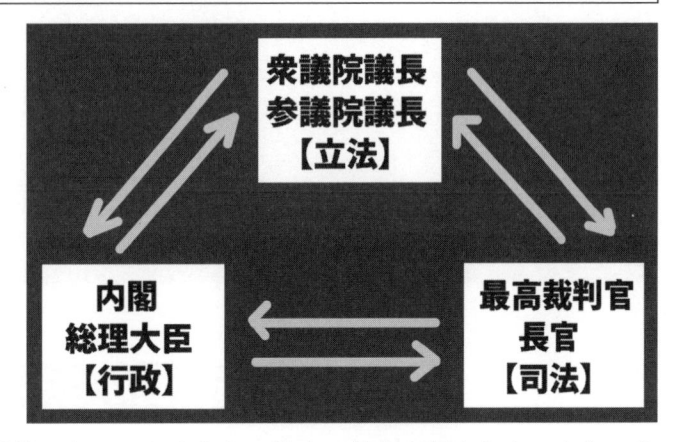

子どもたちから「どこかだけが高い月給になってしまうと，権力の均衡が保たれない」という考えを引き出しました。

❸ 【まとめ】探究的な学びへとつなげるふり返り（創り出す）

> 探究へつなぐ発問：三権分立の考え方がないと，どのような政治になってしまうかな？

授業のまとめでは，三権分立の考え方が機能しなかった場合の政治について考えました。子どもたちからは「三権のうち，どこかが暴走してしまう可能性がある」「内閣の権限が強かったら，独裁になってしまうかもしれない」などの発言が共有されました。こうして，三権分立が機能しない状況を想定することで，三権分立の意味を見出す姿を引き出せるようにしました。

評価のポイント

・②③の問いについて，「三権分立」の考え方に着目して理解することができているか。

6 三権分立と国の政治の仕組み

5 幸福度の高い北欧の国々
（1時間構成）

 板書

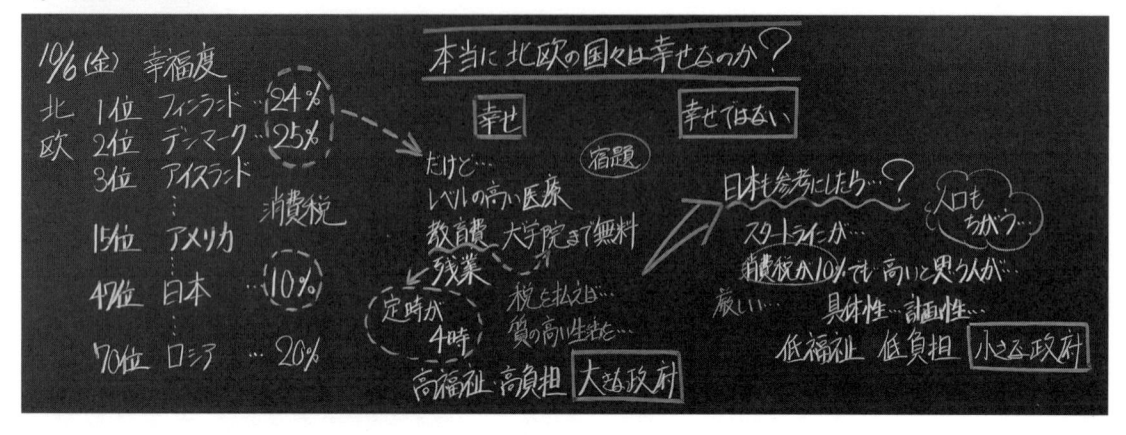

見方・考え方を働かせる授業デザイン

❶ 【導入】深い学びを生む「問い」（かかわる）

> 本時の問いへつなぐ発問：消費税が高いのに，北欧の国々は幸せなの？

導入では，世界幸福度ランキング（2023）を提示しました。ランキングの上位を紹介すると，北欧がランクインしていることに気付くでしょう。その上で，消費税率を提示します。フィンランド，デンマーク，アイスランド，ロシアは消費税率が20％以上，47位の日本は10％です。「消費税が高いのに，北欧の国々は幸せなの？」と問い，子どもの反応をもとにしながら展開場面へつなげていきます。

2023世界幸福度ランキング

1	フィンランド…	消費税24%
2	デンマーク……	消費税25%
3	アイスランド…	消費税24%
	︙	
47	日本…………	消費税10%

1 現代社会と私たちと文明
2 よりよい社会とルール
3 基本的人権と日本国憲法
4 和主義と平
5 現代の民主の政治と日本政治
6 三権分立と国の政治の仕組み
7 地方自治と住民の政治参加
8 消費生活と市場経済
9 生産と労働
10 市場のしくみと金融
11 財政の役割と国民の福祉
12 日本経済の
13 国際社会の仕組みと平和の実現
14 これからの国際社会と私たち

💡 本時のねらい

【思考・判断・表現】北欧の国々の消費税率を話し合うことを通して，小さな政府と大きな政府の特徴を説明できる。

❷ 【展開】社会的事象の意味を見出す協働（つながる）

思考をゆさぶる発問：本当に北欧の国々は幸せなのかな？

展開場面では，幸福度ランキングと北欧の国々の消費税率の高さを踏まえ，北欧の国々が幸せなのかどうか話し合いました。北欧の国々は医療や福祉が充実している一方で，その分高い税金を支払う必要があります。こうした視点などをもとに，話し合いを進めました。以下に，子どもたちの発言の内容を示します。

幸せである	幸せではない
・医療や福祉が充実しているため，国民の生活が安定している ・教育費も大学院まで無料である ・労働時間が短い ・育休制度が充実している	・消費税率が10%でも，生活が大変であるため，これだけの消費税を納めるのは大変 ・制度が充実している一方で，移民も多くなっているから，問題もあるのでは？

❸ 【まとめ】探究的な学びへとつなげるふり返り（創り出す）

探究へつなぐ発問：日本が目指すべきなのは大きな政府？小さな政府？

日本では，現在は北欧ほど税金の負担が多くはありません。授業のまとめでは，アメリカの

Q.日本が今後目指すべきなのは…

大きな政府・小さな政府

ように負担が軽いけれども行政や福祉サービスの充実を求めないか，負担は重くても手厚いサービスを求めるのか話し合うことで，これからの行政について考えを深められるようにします。

📊 評価のポイント

・②③の場面について，小さな政府と大きな政府の特徴を踏まえて，説明することができているか。

7　地方自治と住民の政治参加

1　牛乳で乾杯条例?!　～地方自治～

（1時間構成）

 板書

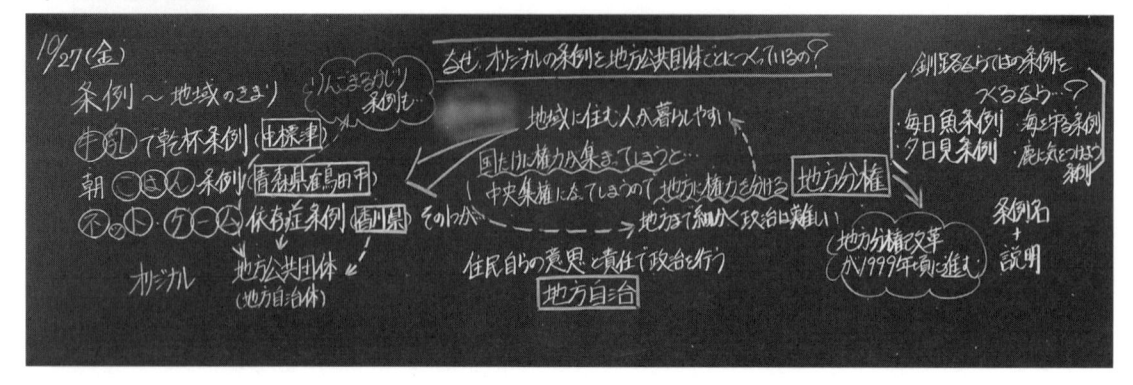

見方・考え方を働かせる授業デザイン

❶ 【導入】深い学びを生む「問い」（かかわる）

本時の問いへつなぐ発問：①～③はどんな条例だろう？

　導入では，地域ごとのユニークな条例をクイズ形式で確認しました。「？」に当てはまるのは，①から順に「牛乳」「ごはん」「ネットゲーム」です。この他にもたくさんのユニークな条例があるため，子どもの実態に応じてさらに紹介してもよいと考えます。展開場面では，どうして地域ごとにユニークな条例をつくっているのか考えます。

> ## Q.①～③はどんな条例かな？
>
> ### ①？？で乾杯条例（北海道中標津町）
> ### ②朝？？？？条例（青森県鶴田町）
> ### ③？？？？？？？依存症対策条例（香川県）

本時のねらい

【知識・技能】地域ごとにさまざまな条例が定められていることを踏まえて，地域の政治の仕組みを理解することができる。

❷【展開】社会的事象の意味を見出す協働（つながる）

思考をゆさぶる発問：なぜ地域ごとにオリジナルの条例をつくっているのかな？

展開場面では，地方自治をもとに本時の問いを解決していきます。その際，「もしも，国が地方の政治も治めていたら……」などと考えることで，地方分権とのつながりを見出せるようにしました。子どもたちとのやりとりを以下に示します。

S：暮らしやすい地域にしたり，地域のよさを出していくために条例を定めているんじゃないかな？
S：地域の実態に応じて，まちづくりの一環として条例を定めているんだと思う。
T：みんなが言うような，住民の意思と責任で地域の政治を行うことを「地方自治」と言います。もしも，国が地方の政治も治めていたら，どうなるだろう？
S：国の手が回らなくなってしまいます。
S：東京周辺はよいかもしれないけど，北海道のように遠い地域の政治は後回しにされてしまうかもしれない……。

❸【まとめ】探究的な学びへとつなげるふり返り（創り出す）

探究へつなぐ発問：釧路ならではの条例をつくるなら，どんな条例がよいかな？

授業のまとめでは，子どもたちが住む釧路の新たな条例について考える活動を位置付けました。釧路のよさである「夕日」「漁業」「湿原」などに着目しながら，条例づくりをする姿が見られました。

Q.釧路ならではの条例を作るならどんな条例がよいかな？

条例名：夕日見条例

釧路は夕陽が美しいことでも有名なので、お月見とかけた条例をイメージして作成しました。

評価のポイント

・②③の場面について，地域の政治の仕組みを踏まえて，理解することができているか。

2　除雪をしているのは誰？

（1時間構成）

📎 板書

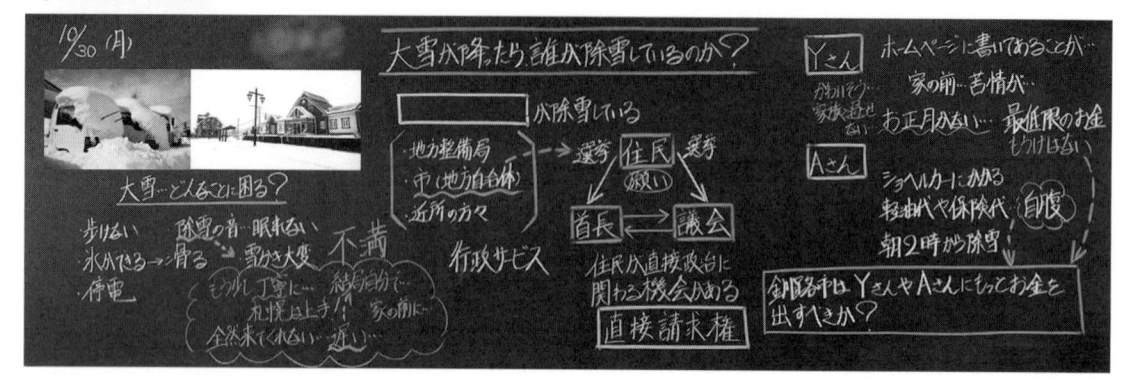

見方・考え方を働かせる授業デザイン

❶ 【導入】深い学びを生む「問い」（かかわる）

> 本時の問いへつなぐ発問：大雪が降るとどんなことに困るかな？

　導入では，大雪が降ったときのニュース映像を見せた上で，大雪が降った際に困ることについて問いました。子どもたちからの意見として多かったのは「除雪」に関する悩みです。「除雪車で除雪してくれるのはいいけれど，家の前に雪を置いて行かれる……」など，除雪に対する恩恵を感じる一方で，要望もあり

ました。こうした子どもの考えをもとに，展開へつなげます。

1 現代社会と 私たちと文 明
2 よりよい社 会とルール
3 基本的人権 法と日本国憲
4 私たちと平 和主義
5 現代の民主 の政治と日本 政治
6 三権分立と 国の政治の 仕組み
7 地方自治と 住民の政治 参加
8 消費生活と 市場経済
9 生産と労働
10 市場のしく みと金融
11 財政の役割 社と国民の福
12 これからの 日本経済
13 国際社会の 仕組みと平 和の実現
14 これからの 国際社会と 私たち

💡 本時のねらい

【知識・技能】除雪の仕事について話し合うことを通して，地方自治体の仕事を理解できる。

❷ 【展開】社会的事象の意味を見出す協働（つながる）

> 思考をゆさぶる発問：大雪が降ったら誰が除雪しているのかな？

　展開場面では，まず除雪の仕事がどのように行われているのか確認しました。多くの子どもたちが考えるように，自治体ごとに除雪を行っているほか，個人やボランティアの協力により除雪は行われています。その上で，本時では導入での子どもたちの不満に立ち戻り，「みんなが除雪に対してどうしても納得いかないことがある場合には，悩みや困り事をどのように伝えたらいいかな？」と問い，直接請求権の存在に気付くことができるようにしました。

❸ 【まとめ】探究的な学びへとつなげるふり返り（創り出す）

> 探究へつなぐ発問：除雪に携わる人たちは，除雪の現状をどのように考えているのかな？

　授業のまとめでは，除雪に関わる方のインタビューを提示します。無利益で働いている人がいることを知ることで，思考をゆさぶることをねらいました。そこで，「こうした人にもっとお金を出すべきか？」という問いを生み出し，次時へとつなげました。

市の除雪をする Yさん
- 除雪車を動かすために税金を出してくれるが、ガソリン代を払うため、働いても儲けはないよ…
- 家の前を丁寧に除雪をすると、広い範囲の除雪が終わりません…
- 雪はいつ降るかわからないので、一週間休みがないこともあるよ

地域の除雪をする Aさん
- お金は誰からももらっていないよ！ボランティアだね。
- ガソリン代も自腹だけど、地域の人が安心して過ごしてもらえるように、自分にできることをやろうと思っているんだ。
- 大雪が降った時は、早朝1時から働く時もあるね。

📋 評価のポイント

・❷の場面について，地方自治体の仕事の内容を踏まえて，理解することができているか。

7　地方自治と住民の政治参加

3　除雪費用を増やせないのはどうして？

（1時間構成）

板書

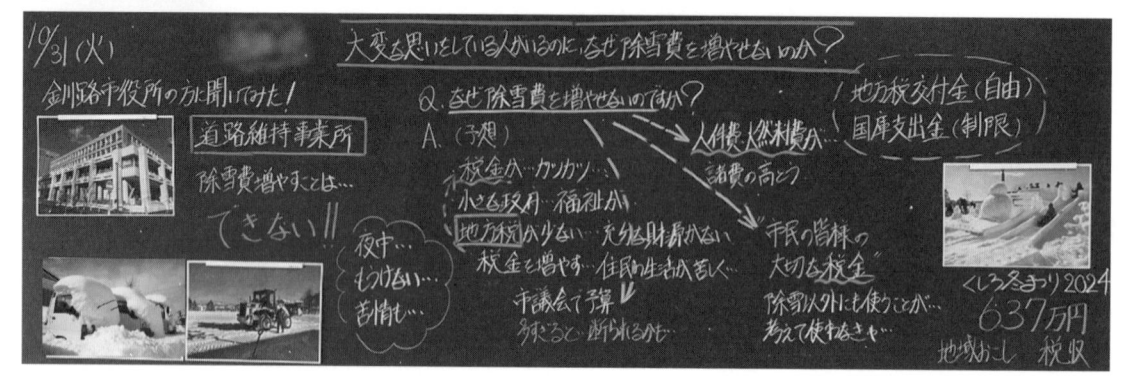

見方・考え方を働かせる授業デザイン

❶　【導入】深い学びを生む「問い」（かかわる）

本時の問いへつなぐ発問：除雪費用をもっと増やすことはできないのかな？

　導入では，前時の学びをもとに，除雪に携わる方の苦労をふり返ります。市の除雪に対して不満をもっていた子も，「もっと除雪をする方のためにお金を増やすべきだ」と考えていました。そこで市役所に勤める方へのインタビューの一部を抜粋し，除雪費用は増やすことができないという言葉を提示します。子どもが大変な作業をしている除雪業者の方に思いを馳せているところで，思考をゆさぶり，本時の問いへつなげました。

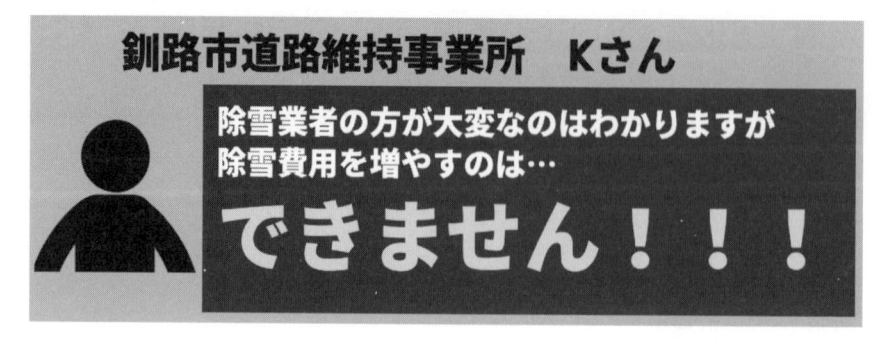

釧路市道路維持事業所　Kさん

除雪業者の方が大変なのはわかりますが
除雪費用を増やすのは…

できません！！！

1 現代社会と私たちと文明
2 よりよい社会とルール
3 基本的人権と日本国憲法
4 私たちと平和主義
5 現代の民主政治と日本の政治
6 三権分立と国の政治の仕組み
7 地方自治と住民の政治参加
8 消費生活と市場経済
9 生産と労働
10 市場のしくみと金融
11 財政の役割と国民の福祉
12 これからの日本経済
13 国際社会の仕組みと平和の実現
14 これからの国際社会と私たち

本時のねらい

【思考・判断・表現】除雪費用について話し合い，地方財政のあり方を説明することができる。

❷ 【展開】社会的事象の意味を見出す協働（つながる）

思考をゆさぶる発問：大変な思いをしている人がいるのに，なぜ除雪費を増やせないの？

展開場面では，除雪費を増やすことができない理由を追究しました。まずは除雪費を増やせない理由について教科書などをもとに予想する活動を位置付けました。その際，ペアでなりきりインタビュー動画を撮影することで，客観的に意見を述べられる姿を見出せるようにしました。「地方税の少なさ」「除雪費を増やしてしまうと，他の用途に使えなくなってしまう」など，多面的に考えた意見が出されました。その後，市役所の方のインタビュー内容を提示しました。子どもたちが予想したことと一致している点も多かったため，インタビュー内容と予想を関連付けていきました。

釧路市道路維持事業所の方にインタビュー

- 除雪1回7000万円で、令和4年の予算は5億円でしたが、それでも足りず3億6000万円追加しました。
- 釧路市は気候の関係で除雪が難しいですが、そんな中でも除雪業者の人たちは本当によく頑張ってくれています。
- みんなの大切な税金だからこそ、やみくもに使うわけにはいきません。だからこそ、自分でできるところは自分で除雪することも大切です。

❸ 【まとめ】探究的な学びへとつなげるふり返り（創り出す）

探究へつなぐ発問：地域の課題を解決するにはどうしたらよいかな？

除雪に関する学習を通して，「除雪費用をどのように生み出したらよいか？」「財源をどのように確保するのか？」などの問いが生まれました。こうした問いをもとに次時へつなげます。

 評価のポイント

・②の問いについて，除雪費と地方財政を関連付け，自分の考えを表現することができているか。

4　単元の学びから見える地方自治のあり方 （1時間構成）

📖 子どもが作成した単元のまとめ

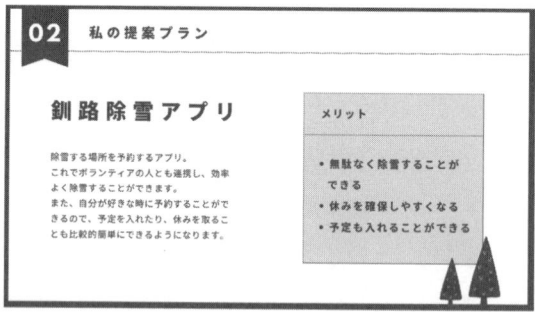

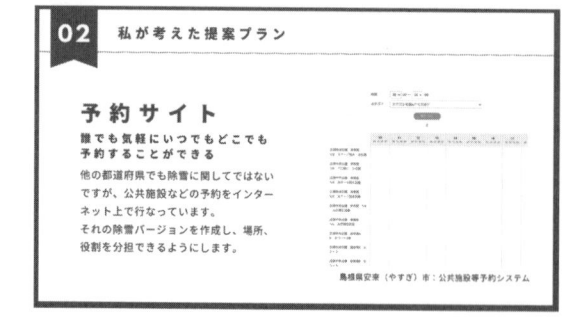

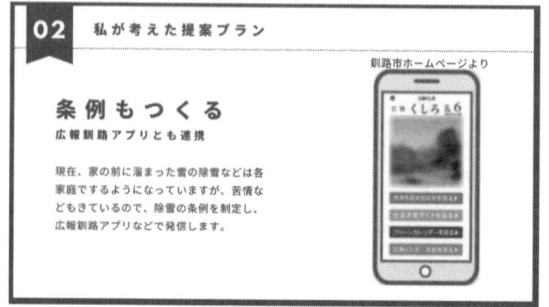

見方・考え方を働かせる授業デザイン

1 現代社会と私たちと文明
2 よりよい社会とルール
3 基本的人権と日本国憲法
4 私たちと平和主義
5 現代の民主政治と日本の政治
6 三権分立と国の政治の仕組み
7 地方自治と住民の政治参加
8 消費生活と市場経済
9 生産と労働
10 市場のしくみと金融
11 財政の役割と国民の福祉
12 これからの日本経済
13 国際社会の仕組みと平和の実現
14 これからの国際社会と私たち

💡 本時のねらい

【思考・判断・表現】地域が抱える課題について，地域の現状を踏まえて，解決策を自分なりに提案することができる。

【展開】社会的事象の意味を見出す協働（つながる）

> 思考をゆさぶる発問：自分の提案プランは地域のどんな課題を解決できると言えるかな？

　本時では，地域の課題を解決するために下のような提案プランの概要と前ページに掲載したスライドを作成しました。提案プランの作成中や作成後に，課題に立ち返ることができるような発問を通して，提案内容と課題がどのように関連しているのか明らかにできるようにします。

私の提案プラン（タイトル）　釧路市除雪アプリ、条例の制定

テーマ　除雪

テーマに関する課題

- 働き手が少なく、除雪が上手くまわっていなく、市民からの様々な要望が来ている。

- 雪はいつ降るかわからないので休みが少なく、予定もなかなか入れられない。

- 市は除雪に関わる人たちが大変な思いをしているのは理解しているが、除雪以外にも教育費などにもお金を使わなければいけないため、除雪費はなかなか増やすことができない。

提案プランの内容

このアプリでは好きな時、好きな時間にどこの場所を除雪するか自分で決めることができる。
美容室や病院の予約のように、時間と場所が記載してあり、除雪する人がいる場所といない場所をそこで把握し、効率的に除雪をすることができる。
ボランティアで除雪している人で、市と協力すると軽油代などは払ってもらえるが、場所を指定されてしまい、好きな場所を除雪できないので個人的にやっているという方がいたので、この案を考えました。これを使えば、ボランティアの人と市と協力している人がうまく連携して効率よく除雪ができ、休みや予定も比較的多くなると思う。
また、条例の制定は、家の前の除雪は各家庭でするようになっていても苦情がくることがあるので、それに関する除雪の条例を制定し、より知ってもらう。

【地方自治の学習を通した感想】
地方公共団体が普段どのような活動をしているかある程度知っていましたが、実際どのようなことをしていて、市民はどのように関わっているのかについては、よくわかっていなかったので知ることができて良かったです。特に条例などでは、他の都道府県などで様々な種類の条例があることを知り、とても面白かったです。
また、国会や内閣との違いを理解したり、国と地方公共団体がどのように関わっていて、地方交付税や国庫支出金などの支援を受けていることを知り、普段どのように集めたお金を使っているかなどに興味を持ちました。
釧路市の除雪や海などの問題からも地方公共団体の現状を知ることができたので、自分ができることはやっていきたいと思いました。

📋 評価のポイント

・【展開】の問いについて，地域の課題を明らかにした上で，課題の解決策を表現することができているか。

8　消費生活と市場経済

1　悪質商法にあったときには

（1時間構成）

 **板書**

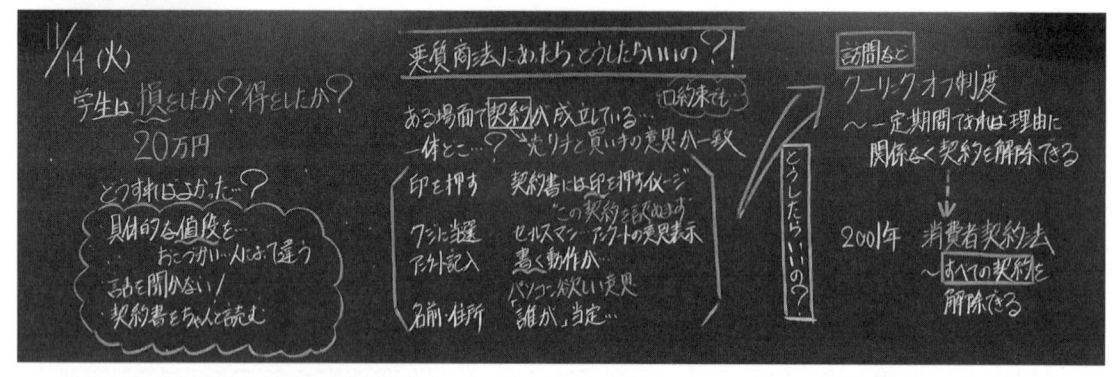

見方・考え方を働かせる授業デザイン

❶　【導入】深い学びを生む「問い」（かかわる）

> 本時の問いへつなぐ発問：学生は損をした？得をした？

　導入では，子ども２人に事前に右の資料を配布し，セールスマンと学生を演じてもらうところから始めます。その後，「学生は損をした？得をした？」と問うと，いくらかわからないパソコンを無理矢理買わされていることに着目し，おそ

セールスマン	『すみませんが、ちょっと、君』
学生	「何ですか？」
セールスマン	『抽選で当たりますと、高価なパソコンが"安く"手に入ります』
学生	「ちょうどパソコン欲しかったんです」
セールスマン	『でも、アンケートに答えないと、ダメです』
学生	「アンケートに答えればいいのですか？」
セールスマン	『では、この用紙に記入して下さい』
学生	「（アンケートに記入）いつ抽選があるんですか？」
セールスマン	『このビルの中で、すぐやれます。ついてきて下さい』
	―ビルの一室で―
セールスマン	『抽選のクジを引いて下さい』
学生	「はい」
セールスマン	『当選です！では、この用紙に名前と住所を書いて下さい。電話もね』
学生	「書けばいいんですか？」
セールスマン	『これは契約書ですから、最後にはハンコを押して下さい』
学生	「（印を押して）どうすればパソコンが手に入りますか？」
セールスマン	『あとで電話しますよ。パソコンを送りますから、お金を払い込んで下さい』

※ 3日後に、パソコンが送られてきて、20万円の支払いを求める請求書が届きました。「そんなお金は払えない」と言ったが、『契約したからダメだ』と言われました。

らく損をしていることに気付きます。こうした気付きを踏まえ，展開へつなげました。

1 現代社会と私たちと文明

2 よりよい社会とルール

3 基本的人権と日本国憲法

4 私たちと平和主義

5 現代の民主政治と日本の政治

6 三権分立と国の政治の仕組み

7 地方自治と住民の政治参加

8 消費生活と市場経済

9 生産と労働

10 市場のしくみと金融

11 財政と国民の福祉と国民の役割

12 これからの日本経済

13 国際社会の仕組みと平和の実現

14 これからの国際社会と私たち

本時のねらい

【知識・技能】悪質商法の事例について話し合うことを通して，契約の意味や消費者を守る制度を理解することができる。

❷ 【展開】社会的事象の意味を見出す協働（つながる）

思考をゆさぶる発問：契約が成立しているのはどの場面だろう？

展開場面では，まず契約が成立した場面を確認しました。子どもたちは判子を押す場面を選びますが，契約は「売り手と買い手の意思が一致すること」のため，ビルの中に入った時点で契約が成立していると考えられます。子どもたちとのやりとりを以下に示します。

T：契約が成立しているのはどの場面だろう？
S：やっぱり判子を押した場面じゃないかな？　証拠にもなるし！
S：確かに，判子は簡単に押しちゃダメと聞いたことがあるよ。
S：でも，くじを引いた場面でも意思が表れているんじゃない？
T：契約は「売り手と買い手の意思が一致すること」です。今回だとそれはどこかな？
S：アンケートの場面も買いたい意思が表れている気がするな……。
S：ビルの中に入った場面も，ついていくということは意思が見えているよね。
T：今回の事例だと，ビルについていった時点で契約は成立していると考えられます。口頭でも契約は成立します。

❸ 【まとめ】探究的な学びへとつなげるふり返り（創り出す）

探究へつなぐ発問：悪質商法にあった場合にどうすればよいのかな？

授業のまとめでは，消費者を守る制度について確認します。1995年には訪問販売について「クーリング・オフ制度」，2001年には訪問販売に限らず業者側の不当な勧誘があった場合も含めて「消費者契約法」が定められました。その上で，札幌市消費者センターの映像を視聴し，売買契約の対応について確認しました。

評価のポイント

・②③の場面について，具体的な事例を通して消費者を守る制度を理解することができているか。

8　消費生活と市場経済

2　こんなに?! 販売価格と原価の差

板書

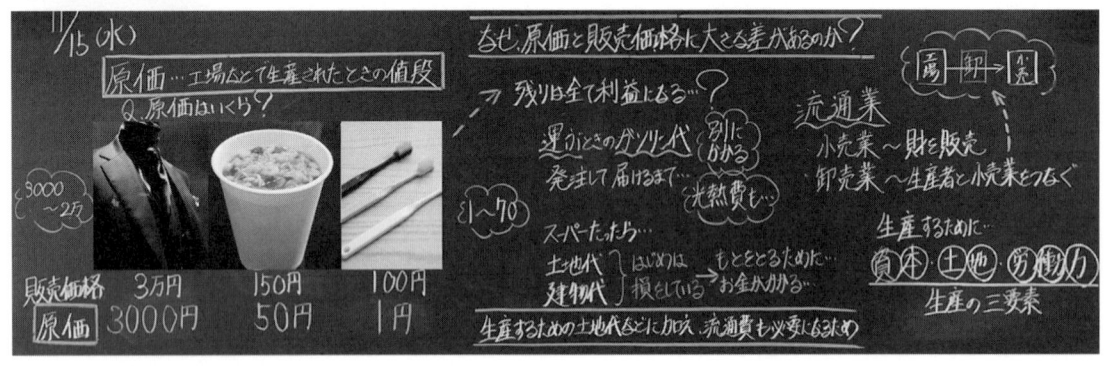

見方・考え方を働かせる授業デザイン

❶ 【導入】深い学びを生む「問い」（かかわる）

> 本時の問いへつなぐ発問：原価はいくらかな？

　導入では，スーツ，カップ麺，歯ブラシの原価を予想する活動を行いました。販売価格はスーツが3万円，カップ麺が150円，歯ブラシが100円です。それに対して原価はスーツが3000円，カップ麺が50円，歯ブラシが1円です。この差を知ると，多くの子どもは驚きました。これだけの差がある理由に着目し，展開場面へとつなげていきました。

1 現代社会と私たちと文明

2 よりよい社会とルール

3 基本的人権と日本国憲法

4 私たちと平和主義

5 現代の民主政治と日本の政治

6 三権分立と国の政治の仕組み

7 地方自治と住民の政治参加

8 消費生活と市場経済

9 生産と労働

10 市場のしくみと金融

11 財政の役割と国民の福祉

12 これからの日本経済

13 国際社会の仕組みと平和の実現

14 これからの国際社会と私たち

💡 本時のねらい

【思考・判断・表現】販売価格と原価に差がある理由について，販売価格と流通業のつながりをもとに説明することができる。

❷ 【展開】社会的事象の意味を見出す協働（つながる）

思考をゆさぶる発問：なぜ販売価格と原価に大きな差があるのかな？

展開場面では，流通業をもとに販売価格と原価に差がある理由について考えます。流通に関わる仕事として，運送業や広告業などさまざまな仕事があります。実際の授業では，利益に加えて運送に関わるガソリン代などがかかることをイメージしな

がら，販売価格が原価よりも高くなることについて気付く姿が見られました。

❸ 【まとめ】探究的な学びへとつなげるふり返り（創り出す）

探究へつなぐ発問：ChatGPT が考える流通業の課題は何かな？

授業のまとめでは，流通業の課題に着目します。流通業の発展は私たちの生活を豊かにした一方で課題も生じています。そこで，ChatGPT が考えた流通業の課題（①人手不足，②環境負荷の軽減）を考えることを通して，流通業のこれからを考えられるようにしていきます。

ChatGPTに聞いてみた！
～Q.流通業の課題は何？～

① ？？不足
→少子高齢化が進む中で、若年層の労働力が減少しており、物流倉庫や配送業務に従事する人材の確保が困難になると考えられる

② ？？？？の軽減
→環境意識の高まりに伴い、流通業にも環境負荷を抑えることが求められています。

📋 評価のポイント

・②の場面について，販売価格と原価に差がある理由を流通業をもとに説明することができているか。

9　生産と労働

1　利益を上げる企業がどうしてＣＳＲ?!

 **板書**

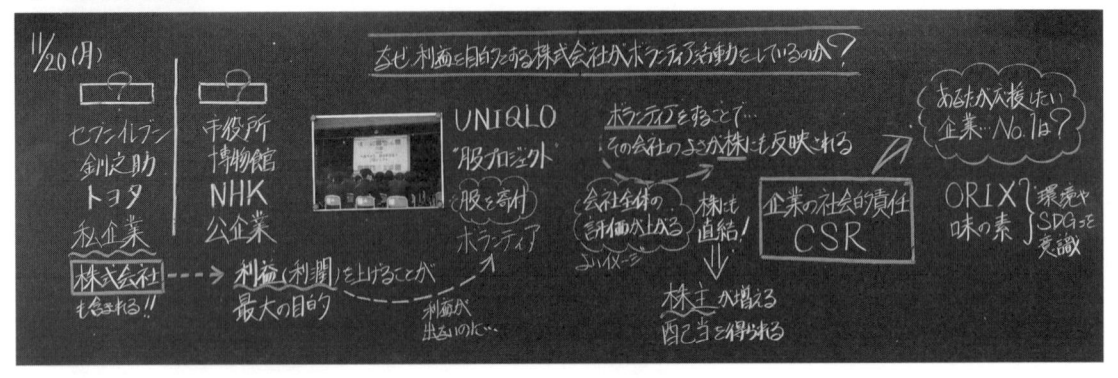

見方・考え方を働かせる授業デザイン

❶ 【導入】深い学びを生む「問い」（かかわる）

> 本時の問いへつなぐ発問：Ａ・Ｂはどんな仲間かな？

　導入では，右の資料にあるようにＡとＢがどのような仲間に分けられているのか考える活動を位置付けました。答えはＡが私企業，Ｂが公企業の仲間です。その上で，私企業は利益を上げることが目的になっていることを確認した上で，UNIQLO では「服プロジェクト」といったボランティアが行われていることを確認します。利益を上げることを目的とした私企業が，直接の利益に結びつかないような活動をどうして行っているのかという点に着目し，本時の問いへつなげました。

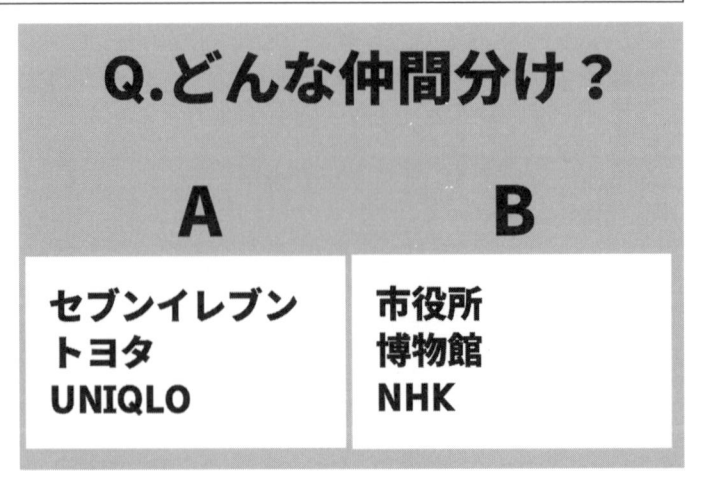

Q.どんな仲間分け？

A	B
セブンイレブン トヨタ UNIQLO	市役所 博物館 NHK

1	現代社会と私たちと文明
2	よりよい社会とルール
3	基本的人権と日本国憲法
4	私たちと平和主義
5	現代の民主政治と日本の政治
6	三権分立と国の政治の仕組み
7	地方自治と住民の政治参加
8	消費生活と市場経済
9	生産と労働
10	市場のしくみと金融
11	財政の役割と国民の福祉
12	これからの日本経済
13	国際社会の仕組みと平和の実現
14	これからの国際社会と私たち

⬤ 本時のねらい

【知識・技能】私企業が企業の社会的責任を果たす理由について話し合うことを通して，株式会社の運営の仕組みを理解することができる。

❷ 【展開】社会的事象の意味を見出す協働（つながる）

思考をゆさぶる発問：なぜ利益を上げたい私企業がボランティア活動をしているの？

展開場面では，企業の社会的責任（ＣＳＲ）と投資とのつながりを話し合えるようにしました。実際の授業では，右のようなワークシートを使用しながら，企業の社会的責任を果たすことが株式会社の経営とどのようなつながりがあるのかイメージできるようにしました。

企業の社会的責任を果たすと…

【どんなメリットがあるかな？】
- ボランティアなどの活動を行っている企業は，利益だけを優先しているわけではないので，投資する人も信頼できる。
- 多くの人に信頼される企業は，株主もたくさんいるので，業績が不安定になりにくい？

❸ 【まとめ】探究的な学びへとつなげるふり返り（創り出す）

探究へつなぐ発問：あなたが応援したい企業No.1はどの企業？

授業のまとめでは，それぞれの企業がどのように企業の社会的責任を果たしているかを調べる活動を位置付けました。自分が応援したい企業を選ぶことで，その企業のどのような部分に共感したり，よいと感じたりしたのか考えられるようにしました。

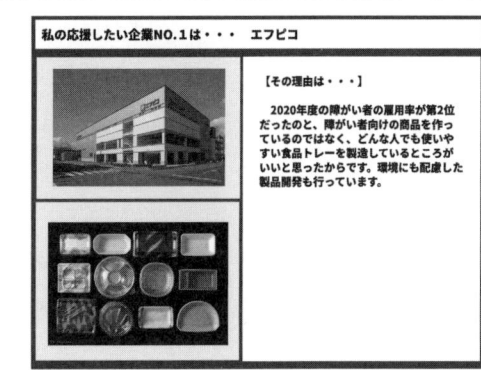

私の応援したい企業NO.1は・・・　エフピコ

【その理由は・・・】
　2020年度の障がい者の雇用率が第2位だったのと，障がい者向けの商品を作っているのではなく，どんな人でも使いやすい食品トレーを製造しているところがいいと思ったからです。環境にも配慮した製品開発も行っています。

📈 評価のポイント

・②の場面について，ＣＳＲと株式会社の経営のつながりを理解することができているか。

9　生産と労働

2　Karoshi と働く人の権利 （1時間構成）

 板書

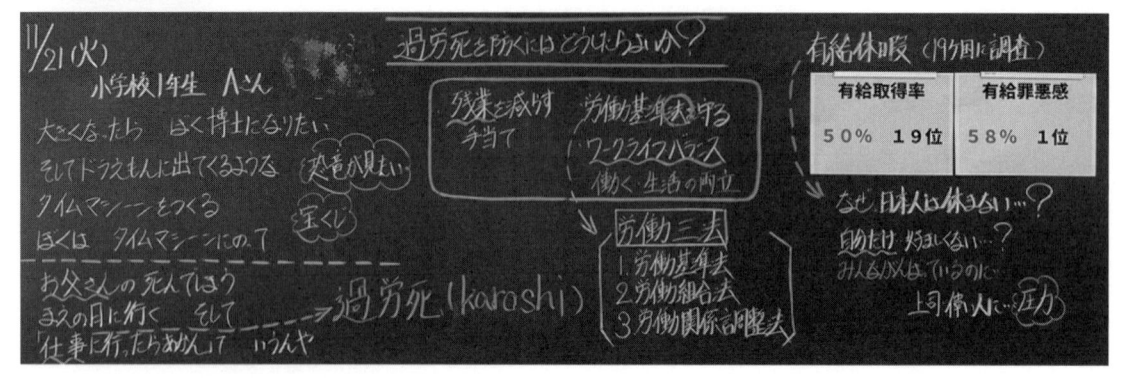

見方・考え方を働かせる授業デザイン

❶　【導入】深い学びを生む「問い」（かかわる）

> 本時の問いへつなぐ発問：この詩は，この後に何と続くだろう？

　導入では，小学校1年生Aさんの作文を提示します。はじめは「……ぼくは　タイムマシーンにのって」までで一度区切り，「実は，この詩はまだ続きます。この詩は，この後は何と続くだろう？」と問います。子どもたちの予想を共有したのちに，「お父さんの死んでしまう……」という詩の後段を提示します。詩を読み終えると，子どもたちは過労死に関わる詩だと気付きました。過労死は英語でも Karoshi で，日本特有のものになっています。そうした過労死と働き方について本時では考えていきました。

小学校1年生Aさんの作文

大きくなったら　ぼくは博士になりたい

そしてドラえもんに出てくるような

タイムマシーンをつくる

ぼくは　タイムマシーンにのって

お父さんの死んでしまう

まえの日に行く　そして

「仕事に行ったらあかん」て　いうんや

1 現代社会と私たちと文明
2 よりよい社会とルール
3 基本的人権と日本国憲法
4 私たちと平和主義
5 現代の民主政治と日本の政治
6 三権分立と国の政治の仕組み
7 地方自治と住民の政治参加
8 消費生活と市場経済
9 生産と労働
10 市場のしくみと金融
11 財政の役割と国民の福祉
12 これからの日本経済
13 国際社会の仕組みと平和の実現
14 これからの国際社会と私たち

☆ 本時のねらい

【知識・技能】日本の労働の状況を話し合うことを通して，労働者の権利を守る法について理解することができる。

❷ 【展開】社会的事象の意味を見出す協働（つながる）

思考をゆさぶる発問：過労死を防ぐにはどうしたらよいだろう？

展開場面では，過労死を防ぐためにどうしたらよいのか，話し合いました。子どもたちは，労働三法に着目しながら労働者の権利を改めて守ることの重要性について考える姿が見られました。展開場面の後半では，そうした法律がありながらも亡くなってしまう現状に立ち戻り，制度に加えて，雰囲気づくりを含めた労働環境の改善に努めることの必要性について考えました。

❸ 【まとめ】探究的な学びへとつなげるふり返り（創り出す）

探究へつなぐ発問：何のランキングかな？

授業のまとめでは，エクスペディア・ジャパンが調査した有給休暇の国際比較（2018）の結果を提示します。実際の授業では，有給取得率と有給罪悪感のランキングについて，それぞれタイトルを伏せて提示しました。19カ国中のランキングなので，有給取得率は調査した国の数の中で最下位です。ワーク・ライフ・バランスの両立の実現に向けて，どうしたらよいか考えるきっかけへとつなげていきました。

有給取得率
５０％　１９位

有給罪悪感
５８％　１位

📋 評価のポイント

・②の場面について，労働者を守る法を踏まえて，理解することができているか。

9 生産と労働

3 どっちがいい?! ～年功序列と能力給～ （1時間構成）

 **板書**

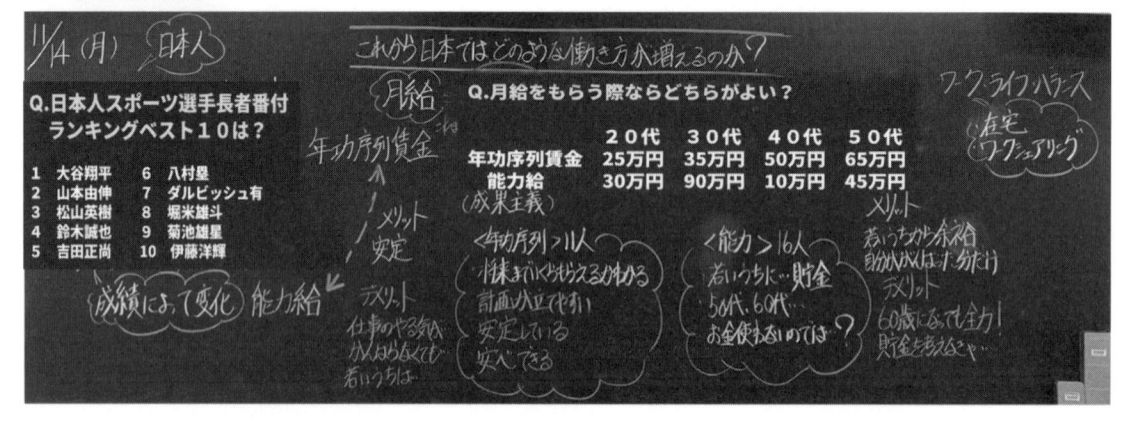

見方・考え方を働かせる授業デザイン

❶ 【導入】深い学びを生む「問い」（かかわる）

> 本時の問いへつなぐ発問：日本人スポーツ選手長者番付ベスト10は？

　導入では，日本人スポーツ選手の長者番付をクイズ形式で出題し，1位は大谷選手で約122億円であることを確認しました。その上で，スポーツ選手の多くは成績によって変化する能力給であることを確認し，年功序列賃金と比較してどちらがよいか問い，展開へつなげました。

Q.日本人スポーツ選手長者番付
ランキングベスト１０は？

1	大谷翔平	6	八村塁
2	山本由伸	7	ダルビッシュ有
3	松山英樹	8	堀米雄斗
4	鈴木誠也	9	菊池雄星
5	吉田正尚	10	伊藤洋輝

 **本時のねらい**

【思考・判断・表現】「年功序列賃金と能力給はどちらがよいか？」について話し合うことを通して，年功序列賃金と能力給の違いについて説明することができる。

❷ 【展開】社会的事象の意味を見出す協働（つながる）

> 思考をゆさぶる発問：自分が働くなら，年功序列賃金と能力給はどちらがよいかな？

展開場面では，下記の資料を提示した上で，「自分が働くなら，年功序列賃金と能力給はどちらがよいかな？」と問い，それぞれのメリット・デメリットを引き出せるようにしました。立場を決めることで，自分なりの考えをもって話し合いに参加できるようにしました。

Q.月給をもらう際ならどちらがよい？

	20代	30代	40代	50代
年功序列賃金	25万円	35万円	50万円	65万円
能力給	30万円	90万円	10万円	45万円

年功序列賃金	能力給
・労働者は安定した賃金が得やすく，企業は仕事をよく知る人材を得やすい ・労働者は仕事の成果が賃金に反映されにくく，企業は雇用人数の調整が難しい	・労働者は自分が業績を残した分だけ賃金を得られる可能性がある ・業績によって賃金が左右されるため，不安定になりやすい

❸ 【まとめ】探究的な学びへとつなげるふり返り（創り出す）

> 探究へつなぐ発問：あなたはワーク・シェアリングに賛成？反対？

授業のまとめでは，ワーク・シェアリングを紹介します。賛成・反対を問う中で，賃金に着目して反対する考えがある一方で，多様な働き方や多様な人材を実現する可能性があることを引き出していきました。

評価のポイント

・②の場面について，年功序列賃金と能力給の違いに着目して自分の考えを述べているか。

1 現代社会と私たちと文明
2 よりよい社会とルール
3 基本的人権と日本国憲法
4 私たちと平和主義
5 現代の民主政治と日本の政治
6 三権分立と国の政治の仕組み
7 地方自治と住民の政治参加
8 消費生活と市場経済
9 生産と労働
10 市場のしくみと金融
11 財政の役割と国民の福祉
12 これからの日本経済
13 国際社会の仕組みと平和の実現
14 これからの国際社会と私たち

10 市場のしくみと金融

1 せっかく育てたキャベツを廃棄処分 ?!
（1時間構成）

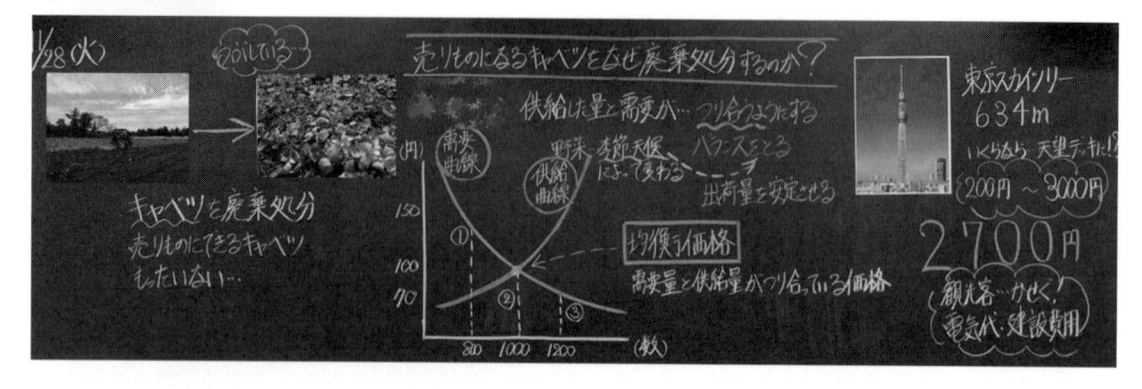

見方・考え方を働かせる授業デザイン

❶ 【導入】深い学びを生む「問い」（かかわる）

> 本時の問いへつなぐ発問：（写真を段階的に提示）何をしているのかな？

　導入では，下の写真を段階的に提示し，キャベツを廃棄している様子に気付かせます。ポイントは商品になるはずのキャベツが廃棄されていることです。こうした矛盾をもとに展開へつなげました。

Q.何をしているのかな？

1 現代社会と私たちと文明
2 よりよい社会とルール
3 基本的人権と日本国憲法
4 私たちと平和主義
5 現代の民主政治と日本の政治
6 三権分立と国の政治の仕組み
7 地方自治と住民の政治参加
8 消費生活と市場経済
9 生産と労働
10 市場のしくみと金融
11 財政の役割と国民の福祉
12 これからの日本経済
13 国際社会の仕組みと平和の実現
14 これからの国際社会と私たち

💡 本時のねらい

【思考・判断・表現】廃棄処分されるキャベツをもとに，市場メカニズムについて説明することができる。

❷ 【展開】社会的事象の意味を見出す協働（つながる）

> 思考をゆさぶる発問：売り物になるキャベツをなぜ廃棄処分するのかな？

展開場面では，需要と供給と価格の関係をもとに，キャベツを廃棄処分する理由について話し合います。実際の授業では，子どもたちの多くが「売りすぎると，採算がとれなくなってしまう」など，値崩れが起きてしまうことに着目して説明していました。そうした子どもなりの表現について，板書に書いた需要曲線と供給曲線の関係性と関連付けていきました。

❸ 【まとめ】探究的な学びへとつなげるふり返り（創り出す）

> 探究へつなぐ発問：スカイツリーの展望デッキ入場券，いくらなら買うかな？

授業のまとめでは，スカイツリーの展望デッキ入場券に着目します。「いくらなら買うかな？」と問うと，多くの子どもは1000円から1500円までと反応しました。休日料金が中学生は1650円，大人は2600円です（授業時点）。子どもたちは「高い！」と反応しますが，維持費のほか，価格を安くしすぎてしまうと客の数が多すぎてしまい需要と供給のバランスが崩れてしまうため，この値段に設定していると考えられます。「もし，100円だったら……？」などの問いを通して，子どもにイメージをもたせやすくしてもよいと考えます。

展望デッキ入場券
休日・大人２６００円

高い…？

もしも…
１００円の入場券だったら…？

📋 評価のポイント

・②③の場面について，需要と供給の関係性をもとにして説明することができているか。

10　市場のしくみと金融

2　「金融」って何だろう？

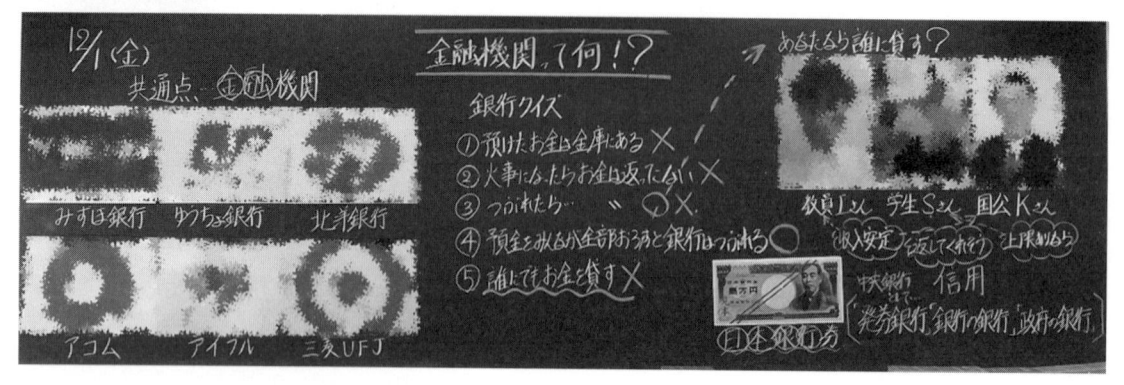

見方・考え方を働かせる授業デザイン

❶　【導入】深い学びを生む「問い」（かかわる）

> 本時の問いへつなぐ発問：6つの共通点は何かな？

導入では，みずほ銀行・ゆうちょ銀行・北洋銀行・アコム・アイフル・三菱UFJ銀行の6つのマークを提示し，「6つの共通点は何かな？」と問いかけ，全て金融機関であることを引き出します。その上で，「金融って何だろう？」と問うと，「お金を譲ること？」「でも，銀行はお金を『譲る』じゃなくて『貸す』じゃない？」などの反応がありました。中学生の段階では聞いたことがある子どももはいてもなかなか答えられません。「金融」という言葉の曖昧さを共有し，展開場面へとつなげました。

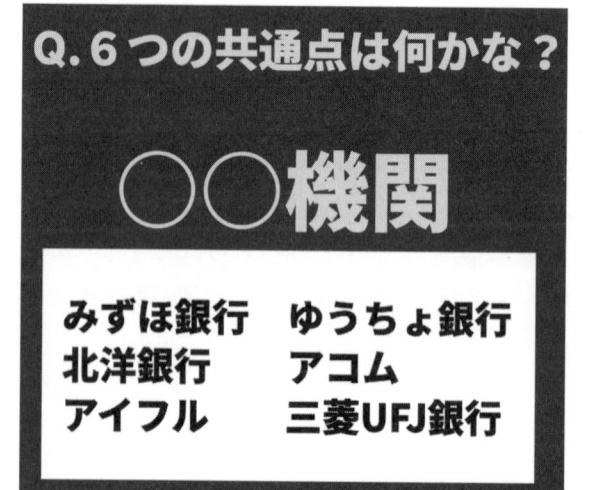

1 現代社会と私たちとて文明

2 よりよい社会とルール

3 基本的人権と日本国憲法

4 私たちと平和主義

5 現代の民主政治と日本の政治

6 三権分立と国の政治の仕組み

7 地方自治と住民の政治参加

8 消費生活と市場経済

9 生産と労働

10 市場のしくみと金融

11 財政の役割と国民の福祉

12 これからの日本経済

13 国際社会の仕組みと平和の実現

14 これからの国際社会と私たち

🔆 本時のねらい

【知識・技能】金融について，銀行の融資の仕組みなどをもとに理解することができる。

❷ 【展開】社会的事象の意味を見出す協働（つながる）

> 思考をゆさぶる発問：あなたなら誰にお金を貸しますか？

　展開場面では，銀行クイズ（板書写真中央に掲載）と問いをもとに金融のイメージをもつことができるようにしました。

　クイズをした上で，右の資料のように「あなたなら誰にお金を貸すのか？」という問いについて話し合いました。子どもたちの立場で誰にお金を貸すのか考えることを通して，銀行も誰にでもお金をむやみに貸すのではなく，信用の上に成り立っていることを捉えられるようにしました。

Q.あなたなら誰にお金を貸す？

教員Aさん　学生Bさん　政治家Cさん

★私の考え…教員Aさんか政治家Cさん

教員Aさんや政治家Cさんは収入が安定していそうだから信頼できるけど，学生Bさんはまだ学生だから、お金が返ってこないかもしれない！

❸ 【まとめ】探究的な学びへとつなげるふり返り（創り出す）

> 探究へつなぐ発問：銀行は銀行でも，私たちがお金を貸し借りしない銀行は？

　授業のまとめでは，「銀行は銀行でも，私たちがお金を貸し借りしない銀行は？」という問いを通して，日本銀行を知ることができるようにしました。はじめから日本銀行を教えるのではなく，簡単な問いを通して子どもが自ら日本銀行と市中銀行との違いを明確にできるようにしました。

📝 評価のポイント

・❷の場面について，銀行の融資する仕組みを踏まえて，理解することができているか。

10　市場のしくみと金融

3　円安・円高って？

板書

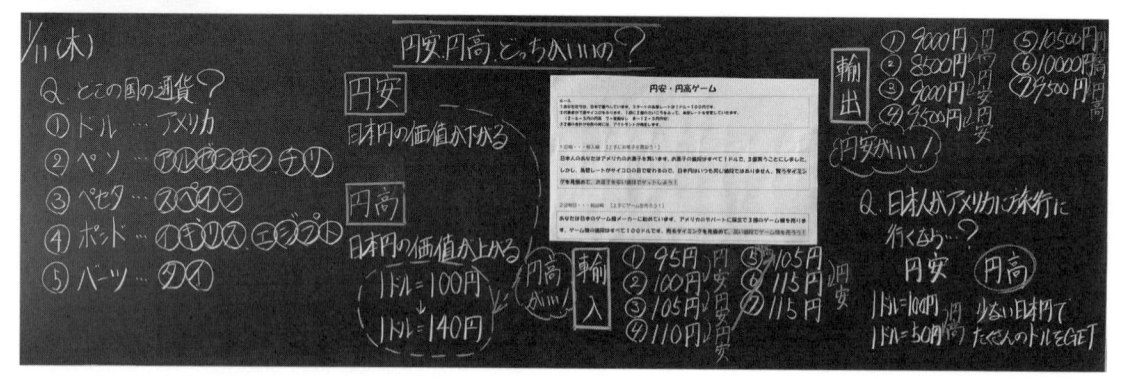

見方・考え方を働かせる授業デザイン

❶　【導入】深い学びを生む「問い」（かかわる）

> 本時の問いへつなぐ発問：円安・円高って何のこと？

　導入では，円安・円高の意味について確認しますが，いきなり円安・円高の意味を説明されても，イメージできない子も多くいると考えます。そこで，各国のお金の単位を確認した上で，国をまたいでお金のやりとりをするには，お金の単位を揃えなければいけないことを捉えられるようにしました。単位を揃えた際に日本円の価値が下がったり上がったりすることが円安・円高だと確認します。

Q.どこの国の通貨？
①ドル…アメリカ
②ペソ…アルゼンチン・チリ
③ペセタ…スペイン
④ポンド…イギリス・エジプト
⑤バーツ…タイ

1 私たちと文明 現代社会と
2 会とルール よりよい社
3 法と日本国憲 基本的人権
4 和主義 私たちと平
5 の政治と日本 現代の民主
6 仕組み 三権分立と 国の政治の
7 参加 地方自治と 住民の政治
8 市場経済 消費生活と
9 生産と労働
10 みと金融 市場のしく
11 社と国民の福 財政の役割
12 日本経済 これからの
13 和の実現 国際社会の 仕組みと平
14 私たち これからの 国際社会と

本時のねらい

【思考・判断・表現】円安・円高と私たちの生活のつながりを説明することができる。

❷ 【展開】社会的事象の意味を見出す協働（つながる）

思考をゆさぶる発問：円安・円高どっちがいいのかな？

　展開場面では，円安・円高の特徴を理解できるよう，「円安・円高ゲーム」を行いました。ゲームの内容は，輸入編ではアメリカのお菓子を買う，輸出編では日本のゲームをアメリカに売ることを想定したものです。本時では，買う・売るタイミングを相談する過程で円安・円高の理解を深めるためにグループで活動しました。

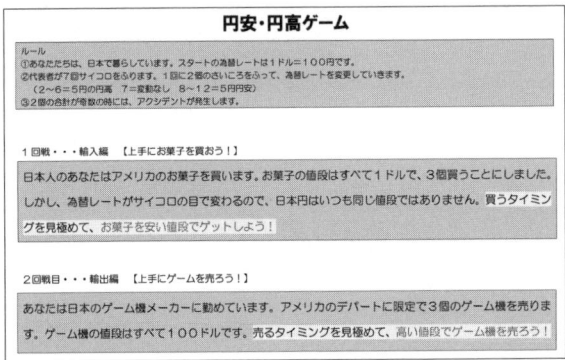
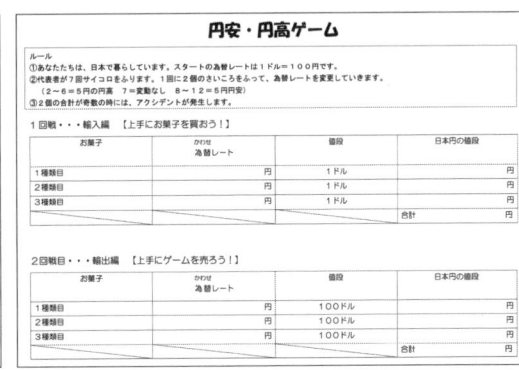

❸ 【まとめ】探究的な学びへとつなげるふり返り（創り出す）

探究へつなぐ発問：日本人がアメリカに旅行に行くなら，得するのは円安・円高どっち？

　授業のまとめでは，具体的な場面を通して円安・円高について学びます。本時では，円安・円高を選ぶだけではなく，理由を説明する活動を位置付けました。

Q.日本人がアメリカに旅行に行くなら　円安・円高

評価のポイント

・②③の場面について，円安・円高の特徴を踏まえて自分の考えを説明することができているか。

11 財政の役割と国民の福祉

1 税金は嫌いだけど……，税金は必要？ （1時間構成）

（1時間構成）

 板書

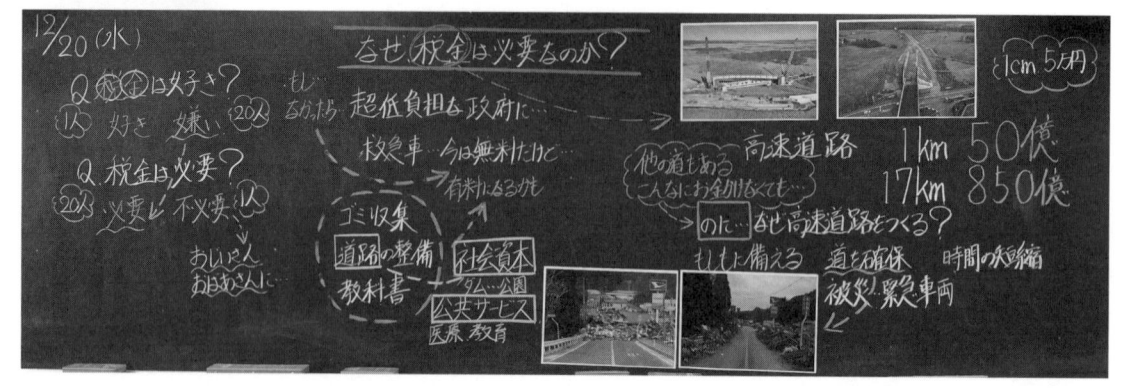

見方・考え方を働かせる授業デザイン

❶ 【導入】深い学びを生む「問い」（かかわる）

本時の問いへつなぐ発問：税金は好き？　税金は必要？

　導入では，2つの質問を子どもたちに投げかけました。1つ目の質問は「税金は好き？」です。この質問では，ほとんどの子が税金は嫌いだと答えました。2つ目の質問は「税金は必要？」です。この質問では，多くの子が税金は必要だと

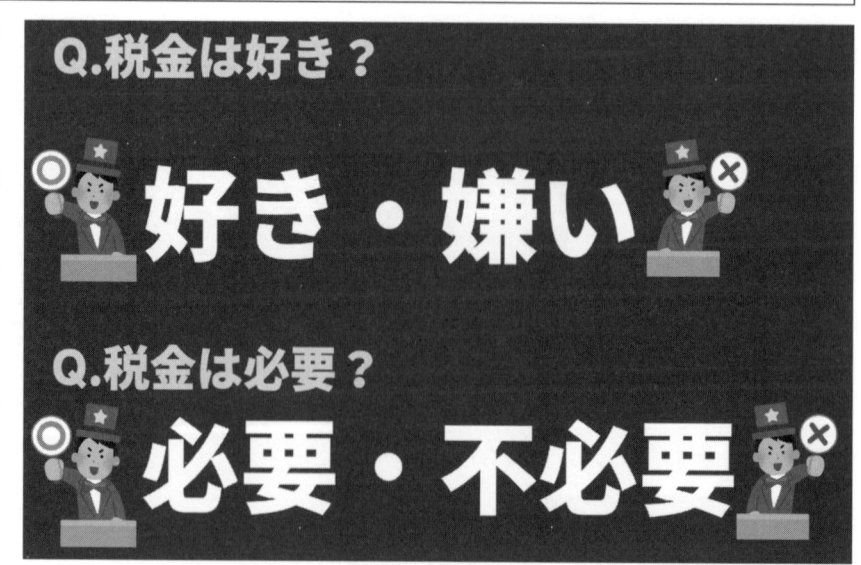

答えたため，税金が嫌いであるにもかかわらず，必要であるというずれをもとに，本時の問いへとつなげました。

本時のねらい

【思考・判断・表現】税金の役割について，公共サービスとのつながりをもとに説明することができる。

❷ 【展開】社会的事象の意味を見出す協働（つながる）

思考をゆさぶる発問：4枚の写真は税金とどんなつながりがあるかな？

展開場面では，税金の役割について，社会資本をはじめとした公共サービスとのつながりをもとに説明できるようにしました。その上で，提示した資料は4枚の写真です。例えば，救急車であれば，税金がなくなると救急車が有料になる可能性があります。医療費も全て自己負担になるかもしれません。フォトランゲージ的な学習を通して，写真から「もしも，税金がなかったらどうなるか」をイメージできるようにしました。

Q. 4枚の写真は税金とどんなつながりがあるかな？

❸ 【まとめ】探究的な学びへとつなげるふり返り（創り出す）

探究へつなぐ発問：こんなにお金をかけてまで，どうして高速道路をつくるのかな？

高速道路は1kmあたり建設するために約50億円かかります。子どもたちは自動車にまだ乗らないこともあり，「いらない」「高い」と反応すると考えましたが，高速道路には，災害の際に救助の道を確保したり，円滑に物資を運んだりする役割もあります。授業のまとめでは，そうした側面に気付かせることで，自分の生活とのつながりを見出していきます。

道路ネットワークをつくる

時間の短縮（経済性）

「もしも」に備える

高規格道路の役割

評価のポイント

・❷❸の場面について，税金と公共サービスのつながりを踏まえて，説明することができているか。

1 私たちと文明　現代社会と
2 会とルール　よりよい社
3 法と日本国憲　基本的人権
4 和主義　私たちと平
5 の政治と日本　現代の民主政治
6 仕組み　三権分立と国の政治の
7 参加　地方自治と住民の政治
8 市場経済　消費生活と
9 生産と労働
10 みと金融　市場のしく
11 社と国民の福　財政の役割
12 日本経済　これからの
13 和の実現　国際社会の仕組みと平
14 私たち　これからの国際社会と

11　財政の役割と国民の福祉

2　税金の種類は何種類？

（1時間構成）

 **板書**

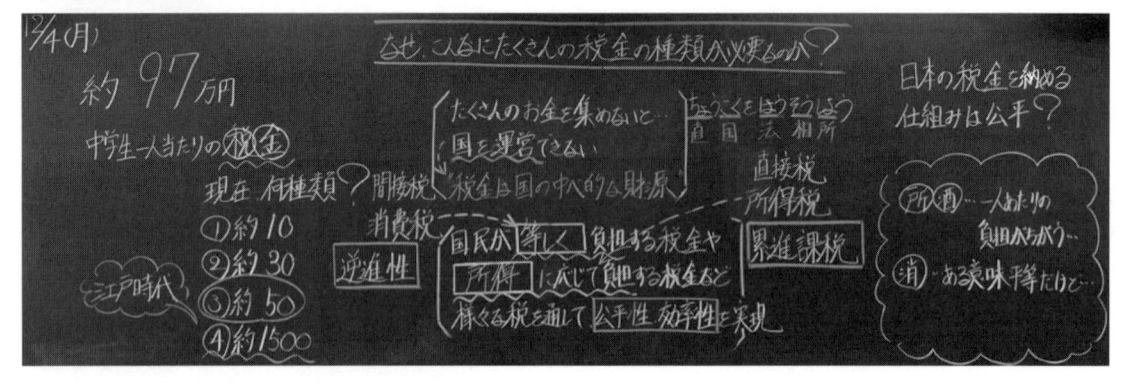

見方・考え方を働かせる授業デザイン

❶　【導入】深い学びを生む「問い」（かかわる）

本時の問いへつなぐ発問：日本の現在の税金は何種類あるのかな？

導入では，約97万円と板書し，中学生一人当たりに使われる税金であることを確認します。その上で，税金の種類について４択クイズで出題します。正解は③の約50種類です。江戸時代の約1500種類よりは少ないですが，それでもたくさんの種類があることに着目し，展開場面へつなげました。

約９７万円

中学生一人当たりの税金！

Q.日本の税金は現在何種類ある？
①約１０種類　　②約３０種類
③約５０種類　　④約１５００種類

1 現代社会と私たちと文明

2 よりよい社会とルール

3 基本的人権と日本国憲法

4 私たちと平和主義

5 現代の民主政治と日本の政治

6 三権分立と国の政治の仕組み

7 地方自治と住民の政治参加

8 消費生活と市場経済

9 生産と労働

10 市場のしくみと金融

11 財政の役割と国民の福祉

12 これからの日本経済

13 国際社会の仕組みと平和の実現

14 これからの国際社会と私たち

☀️ 本時のねらい

【知識・技能】多くの税金の種類がある理由について話し合うことを通して，税の公平性・効率性を理解できる。

❷ 【展開】社会的事象の意味を見出す協働（つながる）

思考をゆさぶる発問：なぜこんなにたくさんの税金の種類があるのかな？

　展開場面では，公平性と効率性に着目して，問いの解決を目指しました。実際の授業では，教科書のグラフなどをもとにしながら「税金は国の中心的な財源だからこそ，数が少ないと政治に支障が出てしまう」などの意見が出されました。そうした話を踏まえ，以下のように穴埋め形式にして，当てはまる言葉を確認しました。その後，税を等しく納める間接税は効率がよい一方で，逆進性が起こりやすいことを確認しました。

【確認内容】
国民が等しく負担する税金や所得に応じて負担する税金など，さまざまな税金を通して，
公平性・効率性を実現しようとしている。

❸ 【まとめ】探究的な学びへとつなげるふり返り（創り出す）

探究へつなぐ発問：日本の税金を納める仕組みは公平と言えるだろうか？

　授業のまとめでは，日本の税金のあり方について自分なりの考えを表現する活動を位置付けました。既習事項である効率と公正の視点も踏まえながら考える姿が見られました。

Q.日本の税金の仕組みは公平？

平等だけど公平じゃないと思う。
所得によって払う税金の額が変わると行っても選挙などにかかるお金は行かないにしても払わないといけないし，学生なども払わなきゃいけないのは公平じゃないと思う。

Q.日本の税金の仕組みは公平？

誰でも等しく税がかけられているので差が出てしまうのは真っ当なことだと思う。
全てを累進課税のシステムにしてしまうと低所得者にほぼ税金がかからなくなってしまうので，それこそおかしいのではないかなと思います。

📋 評価のポイント

・❷❸の場面について，公平性・効率性の視点を踏まえて理解することができているか。

3　1297161500000000円！
〜日本の財政の課題〜

（1時間構成）

 **板書**

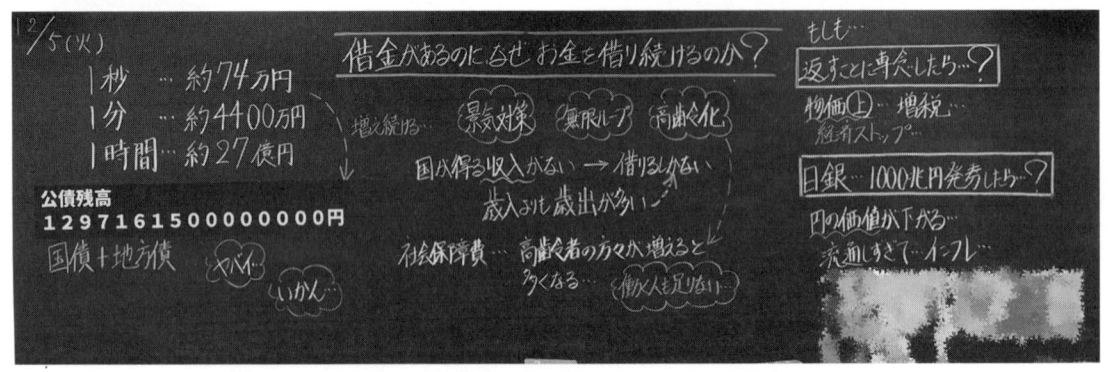

見方・考え方を働かせる授業デザイン

❶　【導入】深い学びを生む「問い」（かかわる）

> 本時の問いへつなぐ発問：1297161500000000円……，一体何の数字 ?!

　導入では，インターネットの「DEBT CLOCK 日本の借金時計」を提示した上で，以下の資料を共有します。日本の借金の数と借金が増えている現状を知ると，驚きの声が上がると考えます。そうした声をもとに，本時の問いへつなげていきます。

1秒…約74万円	1分…約4400万円	1時間…約27億円

公債残高（2023）
1297161500000000円

1 現代社会と私たちと文明

2 よりよい社会とルール

3 基本的人権と日本国憲法

4 私たちと平和主義

5 現代の民主政治と日本の政治

6 三権分立と国の政治の仕組み

7 地方自治と住民の政治参加

8 消費生活と市場経済

9 生産と労働

10 市場のしくみと金融

11 財政の役割と国民の福祉

12 これからの日本経済

13 国際社会の仕組みと平和の実現

14 これからの国際社会と私たち

💡 本時のねらい

【思考・判断・表現】財政赤字が増加している理由について，歳入と歳出をもとに説明することができる。

❷ 【展開】社会的事象の意味を見出す協働（つながる）

> 思考をゆさぶる発問：借金があるのに，なぜ（日本は）お金を借り続けるのかな？

　展開場面では，財政赤字が続く理由について，歳入と歳出の関係を踏まえて説明できるようにします。日本では，社会資本の整備に加え，景気対策や社会保障関係費の増加により財政赤字が続いている現状があります。子どもたちとのやりとりを以下に示します。

> S：国債で集めたお金は道路などの整備に使われているみたいだね。
> S：税収も足りていないんじゃないかな？
> S：歳出のグラフを見ると社会保障関係費が約35％で一番多い。
> T：社会保障関係費って何だろう？
> S：医療や介護などの資金みたいだ。
> T：じゃあ，社会保障関係費を少し減らしたらいいんじゃないかな？
> S：それだと困ってしまう人たちが……。
> S：でも，高齢者の割合が多くなっているから難しいんじゃないかな？

❸ 【まとめ】探究的な学びへとつなげるふり返り（創り出す）

> 探究へつなぐ発問：借金を返すことだけに専念したら……，日本はどうなるだろう？

　授業のまとめでは，財政赤字が続く現状を踏まえ，どうしたらよいか考えるきっかけへとつなげました。具体的には，「もしも，借金を返すことだけに専念したら国はどうなるかな？」と問うことで，返すことが目的になってしまうと財政がうまく成り立たなくなってしまい，国が機能しなくなってしまうことに気付かせます。単に借金を減らせばいいという考えではなく，この問いを通して歳入と歳出のバランスをどのように取っていけばいいか考えられるようにしました。

📈 評価のポイント

・❷❸の場面について，歳入の内訳を踏まえて，説明することができているか。

4　人生のリスクにどう対応する?!
～社会保障～

（1時間構成）

 **板書**

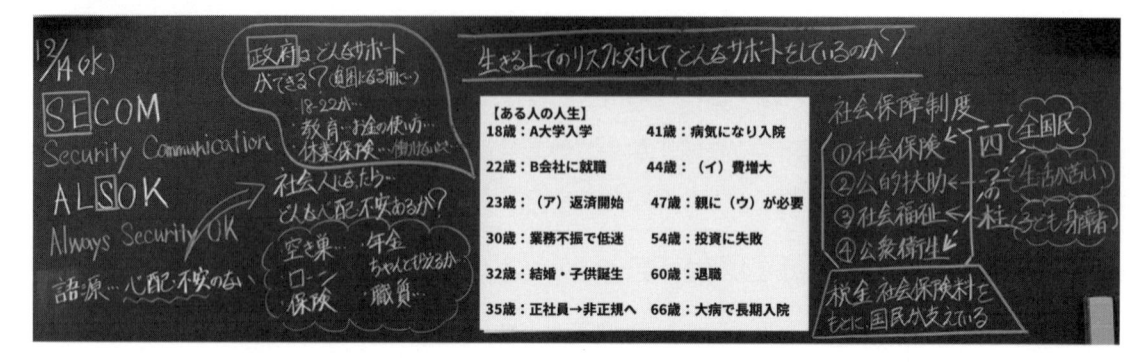

見方・考え方を働かせる授業デザイン

❶【導入】深い学びを生む「問い」（かかわる）

> 本時の問いへつなぐ発問：みんなが社会人になって心配なことはどんなことがあるかな？

　導入では，「SECOM」と「ALSOK」の意味を確認します。どちらにも共通しているのは「Security」です。防犯や防災対策が注目されている昨今，子どもたちが大人になったときに心配なことについて確認し，展開場面へつなげていきました。

1 現代社会と私たちと文明
2 よりよい社会とルール
3 基本的人権と日本国憲法
4 私たちと平和主義
5 現代の民主政治と日本
6 三権分立と国の政治の仕組み
7 地方自治と住民の政治参加
8 消費生活と市場経済
9 生産と労働
10 市場のしくみと金融
11 財政の役割と国民の福社
12 これからの日本経済
13 国際社会の仕組みと平和の実現
14 これからの国際社会と私たち

💡 本時のねらい

【知識・技能】生きる上でのリスクの事例をもとに，社会保障制度の種類を理解できる。

❷ 【展開】社会的事象の意味を見出す協働（つながる）

> 思考をゆさぶる発問：リスクに対して，どんなサポートがあったらいいかな？

展開場面では，右の資料のように架空の人生を穴埋めで提示しました。アは奨学金，イは教育，ウは介護です。この資料には，投資の失敗などのリスクを載せています。その上で「リスクに対して，どんな

【ある人の人生】
18歳：A大学入学　　41歳：病気になり入院

22歳：B会社に就職　　44歳：（イ）費増大

23歳：（ア）返済開始　　47歳：親に（ウ）が必要

30歳：業務不振で低迷　　54歳：投資に失敗

32歳：結婚・子供誕生　　60歳：退職

35歳：正社員→非正規へ　　66歳：大病で長期入院

サポートがあったらいいかな？」と問うと，子どもたちからは「子どもがいたら給付金があったらいい」「介護が必要になったらお金を支援してほしい」などの意見が出されました。

❸ 【まとめ】探究的な学びへとつなげるふり返り（創り出す）

> 探究へつなぐ発問：リスクに対して，（日本では）どんなサポートをしているのだろう？

授業のまとめでは，展開場面での子どもたちの発言を踏まえて日本の社会保障制度を確認します。その際，展開の資料「ある人の人生」の出来事と関連付けることで，意味の理解につながると考えます。

📋 評価のポイント

・❷❸の場面について，リスクと社会保障制度を関連付けて理解することができているか。

5　ホームレスの原因と社会保障制度

（1時間構成）

 板書

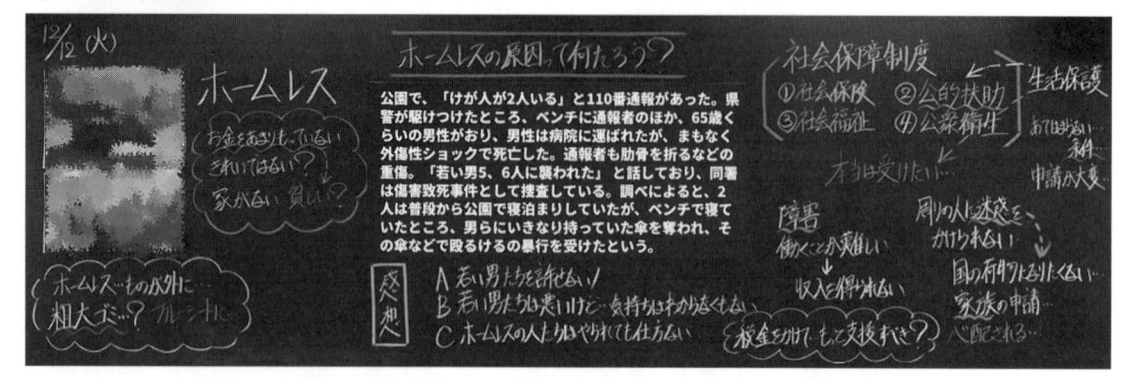

見方・考え方を働かせる授業デザイン

❶　【導入】深い学びを生む「問い」（かかわる）

本時の問いへつなぐ発問：ホームレスと聞いて，どんな言葉をイメージするかな？

　導入では，清原和博氏の「よのなか科」の実践を参考に，ホームレスという言葉をもとに，本時の学習の入り口へとつなげていきます。実際の授業では，「貧しい」という言葉が多く挙げられたことを確認した上で，『ホームレス中学生』の映画の一部を視聴しました。この段階では，多くの子が一面的な見方であると考えます。展開場面ではホームレスにおいて，どのような課題があるのか考えていきます。

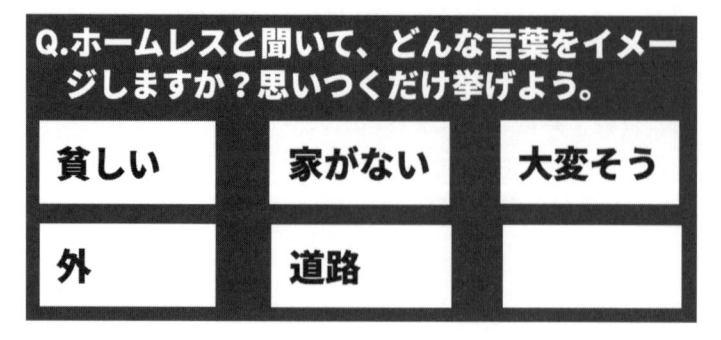

1 現代社会と 私たちと文明
2 よりよい社会とルール
3 基本的人権と日本国憲法
4 私たちと平和主義
5 現代の民主政治と日本の政治
6 三権分立と国の政治の仕組み
7 地方自治と住民の政治参加
8 消費生活と市場経済
9 生産と労働
10 市場のしくみと金融
11 財政の役割と国民の福祉
12 これからの日本経済
13 国際社会の仕組みと平和の実現
14 これからの国際社会と私たち

本時のねらい

【思考・判断・表現】ホームレスの課題を社会保障制度との関わりを踏まえ，説明できる。

❷ 【展開】社会的事象の意味を見出す協働（つながる）

> 思考をゆさぶる発問：ホームレスの原因は何だろう？

　展開場面では，実際にあった事件をもとに，ホームレスの現状について確認しました。事件の概要を確認した上で，子どもたちに感想を聞きます。多くの子たちはAを選びますが，社会がホームレスの人たちを受け容れきれていない現状もあります。こうした事件を通して，ホームレスの人たちの現状を少しずつ捉えていきます。

Q.この事件について、あなたはどう考える？

公園で、「けが人が2人いる」と110番通報があった。県警が駆けつけたところ、ベンチに通報者のほか、65歳くらいの男性がおり、男性は病院に運ばれたが、まもなく外傷性ショックで死亡した。通報者も肋骨を折るなどの重傷。「若い男5、6人に襲われた」と話しており、同署は傷害致死事件として捜査している。調べによると、2人は普段から公園で寝泊まりしていたが、ベンチで寝ていたところ、男らにいきなり持っていた傘を奪われ、その傘などで殴るけるの暴行を受けたという。

（EDUPEDIA「よのなか科〜現代社会の難問珍編〜「ホームレス問題を考える」（藤原和博氏）より引用）

【自分の感想】
A　男たちを許せない！
B　若い男たちは悪いけど、気持ちはわからなくもない
C　ホームレスの人たちはやられても仕方ない

❸ 【まとめ】探究的な学びへとつなげるふり返り（創り出す）

> 探究へつなぐ発問：どうしてホームレスの人たちは社会保障制度を活用しないのかな？

　日本では，公的扶助を通して収入が少ない人たちに生活費を給付する制度があります。それを伝えると子どもたちには「なぜホームレスの人たちは公的扶助を活用しないのか？」という疑問が生まれました。その上で，右の資料を共有し，家族に迷惑を

〜路上生活までのいきさつ〜

生活保護制度を利用しない理由では、男女ともに「制度を利用したくない」が最も高いが、男性に比べ女性は、「制度を知らない」「制度を知っているが自分は利用できないと思っている」の割合が高い。
　周りの人に迷惑をかけたくないという思いがあることや、障害との関連もあると考えられている。

かけたくないという思いや，障害が原因となって制度を利用できていない現状を確認します。本時を通して，本当に助け合える社会をどのように実現できるか考えるきっかけへとつなげていきます。

評価のポイント

・❷の場面について，ホームレスの原因について社会保障制度を踏まえて，説明することができているか。

1 割り箸を使うことがエコなの?!

（1時間構成）

板書

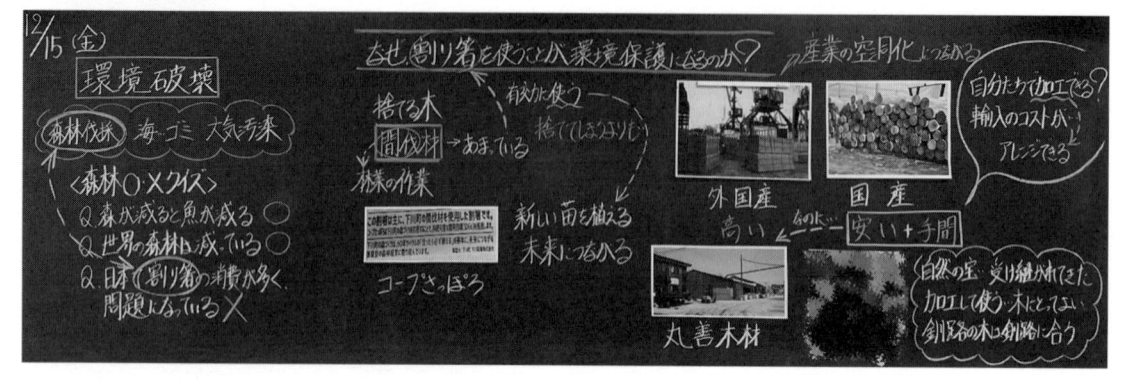

見方・考え方を働かせる授業デザイン

❶ 【導入】深い学びを生む「問い」（かかわる）

本時の問いへつなぐ発問：森林○・×クイズ！　正しいのはどれ？

導入では，環境破壊の写真をロイロノートで提出させ，「森林伐採」などのイメージを共有しました。その後，森林に関するクイズを出題しまし

Q.森林○・×クイズ！正しいのはどれ？

Q1.もりが減ると魚が減る　○・×

Q2.世界の森林は減っている　○・×

Q3.日本で割り箸の消費が多く、問題になっている　○・×

た。多くの子はQ1～Q3については○だと考えますが，Q3の答えは×です。子どもたちは環境破壊として，森林伐採を挙げていますが，割り箸の消費は必ずしも環境破壊には当てはまりません。そうした認識のずれをもとに，展開場面へとつなげていきました。

1 現代社会と文化 私たちと文化

2 よりよい社会とルール

3 基本的人権と日本国憲法

4 私たちと平和主義

5 現代の民主政治と日本の政治

6 三権分立と国の政治の仕組み

7 地方自治と住民の政治参加

8 消費生活と市場経済

9 生産と労働

10 市場のしくみと金融

11 財政の役割と国民の福祉

12 これからの日本経済

13 国際社会の仕組みと平和の実現

14 これからの国際社会と私たち

💡 本時のねらい

【思考・判断・表現】森林の活用が循環型社会や国内産業の充実へとつながることについて説明することができる。

❷ 【展開】社会的事象の意味を見出す協働（つながる）

思考をゆさぶる発問：なぜ割り箸を使うことが環境保護につながるのか？

展開場面では，割り箸の使用と環境保護のつながりを見出していきます。本時では，北海道で展開されるスーパー「コー

> **この割箸は主に、下川町の間伐材を使用した割箸です。**
> コープさっぽろは下川町の森づくりを応援することで、持続可能な開発目標（SDGs）を推進します。
> 下川町の森づくりは、60年サイクルの「伐ったら必ず植える」を基本に、未来につながる循環型の森林経営に取り組んでいます。 製造元：下川町 下川製箸株式会社

プさっぽろ」の割り箸を資料として提示しました。割り箸に間伐材を用いることで森林を循環させていくことに気付く姿が見られました。

❸ 【まとめ】探究的な学びへとつなげるふり返り（創り出す）

探究へつなぐ発問：手間がかかるのに，なぜ釧路産の木材を使うのかな？

授業のまとめでは，釧路市の木材店を取り上げ，加工に手間のかかる釧路産の木材を選んで使用している事実を共有します。その理由には森林の循環に加え，釧路の産業を活性化させていく想いがあります。グロ

外国産に比べて、釧路産の木材は手間がかかる…

外国産　輸入してすぐ使える

釧路産の木材

何工程もの「手間」がかかる

それなのに、どうして釧路産の木材を使うのかな？

ーバル化が進む中でも，地域の強みを生かして地域経済の活性化を目指すことで，持続可能な社会へつながる営みに触れられるようにしました。

📈 評価のポイント

・②③の場面について，森林の活用と持続可能性のつながりを見出し，説明することができているか。

12 これからの日本経済

2 自分たちのまちをよりよくするには？ （1時間構成）

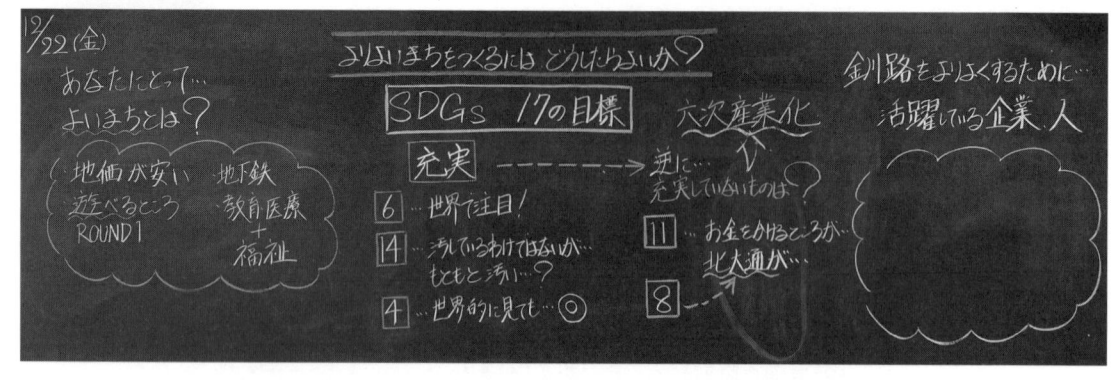

見方・考え方を働かせる授業デザイン

❶ 【導入】深い学びを生む「問い」（かかわる）

本時の問いへつなぐ発問：あなたにとって……，よりよいまちってどんなまち？

導入では，子どもたちにとって「よりよいまち」とはどんなまちなのか共有しました。回答として多かったのは，「商業施設」に関する視点です。

> Q.あなたにとって…よりよいまちとは？
> - 土地代が安い！
> - 地下鉄がある！
> - 遊ぶ場所がある！

「遊ぶ場所がたくさんできたら，よいまちなのかな？」などと問い返しながら，多面的に考えた上で，展開場面へとつなげました。

108

1 現代社会と
私たちと文
明

2 よりよい社
会とルール

3 基本的人権
法と日本国憲

4 私たちと平
和主義

5 現代の民主
政治と日本
の政治

6 三権分立と
国の政治の
仕組み

7 地方自治と
住民の政治
参加

8 消費生活と
市場経済

9 生産と労働

10 市場のしく
みと金融

11 財政の役割
社と国民の福

12 これからの
日本経済

13 国際社会の
仕組みと平
和の実現

14 これからの
国際社会と
私たち

本時のねらい

【思考・判断・表現】よりよいまちづくりについて，SDGs17の目標をもとに自分なりの考えを表現することができる。

❷ 【展開】社会的事象の意味を見出す協働（つながる）

> 思考をゆさぶる発問：よりよいまちをつくるには，どうしたらよいかな？

展開場面では，自分たちが住むまちについて，SDGs17の目標に照らし合わせて考えました。話し合いの中では，「教育については，他の国と比較しても充実している（4番）」「安全な水とトイレも保証されている（6番）」などと多くの番号が充実していると挙げられた一方，「北大通（駅前）は，シャッター街となっていて，活性化していない（11番）」などと述べる姿が見られました。

❸ 【まとめ】探究的な学びへとつなげるふり返り（創り出す）

> 探究へつなぐ発問：釧路をよりよくしていくために活躍している人や企業はいるのかな？

展開場面において，SDGs17の目標の中で「11番　住み続けられるまちづくりを」が，授業のまとめでは，自分たちの住むまちで達成されていないと考える子が多いことがわかりました。その解決に向けて行動している人や企業を調べる活動を位置付け，まちづくりのあり方を考えました。

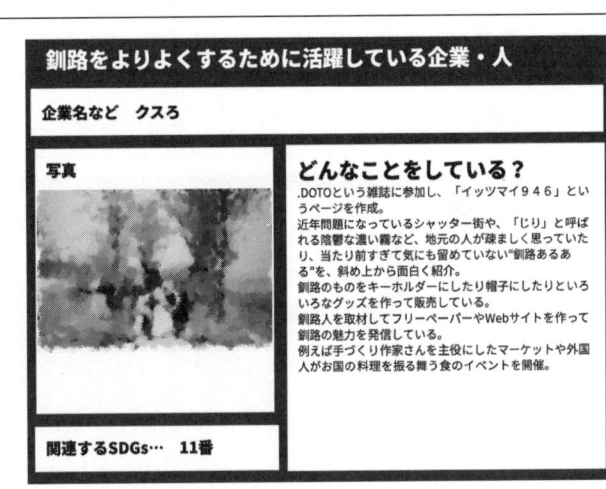

釧路をよりよくするために活躍している企業・人

企業名など　クスろ

写真

どんなことをしている？
.DOTOという雑誌に参加し，「イッツマイ946」というページを作成。
近年問題になっているシャッター街や，「じり」と呼ばれる陰鬱な濃い霧など，地元の人が疎ましく思っていたり，当たり前すぎて気にも留めていない"釧路あるある"を，斜め上から面白く紹介。
釧路のものをキーホルダーにしたり帽子にしたりいろいろなグッズを作って販売している。
釧路人を取材してフリーペーパーやWebサイトを作って釧路の魅力を発信している。
例えば手づくり作家さんを主役にしたマーケットや外国人がお国の料理を振る舞う食のイベントを開催。

関連するSDGs…　11番

評価のポイント

・②③の場面について，まちづくりと持続可能性を関連付けて説明することができているか。

13　国際社会の仕組みと平和の実現

1　世界はあと90秒で終わる ?!　（1時間構成）

（1時間構成）

板書

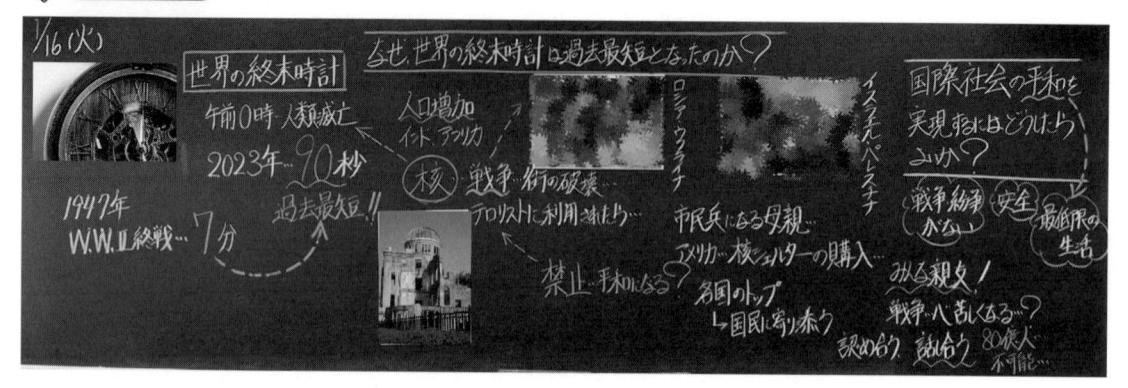

見方・考え方を働かせる授業デザイン

❶　【導入】深い学びを生む「問い」（かかわる）

> 本時の問いへつなぐ発問：「　?　まであと90秒」，？にはどんな言葉が当てはまる？

　導入では，世界の終末時計に着目しました。実際の授業では，右の資料の ? に当てはまる言葉を考えます。2023年，世界の終末時計は「人類滅亡まであと

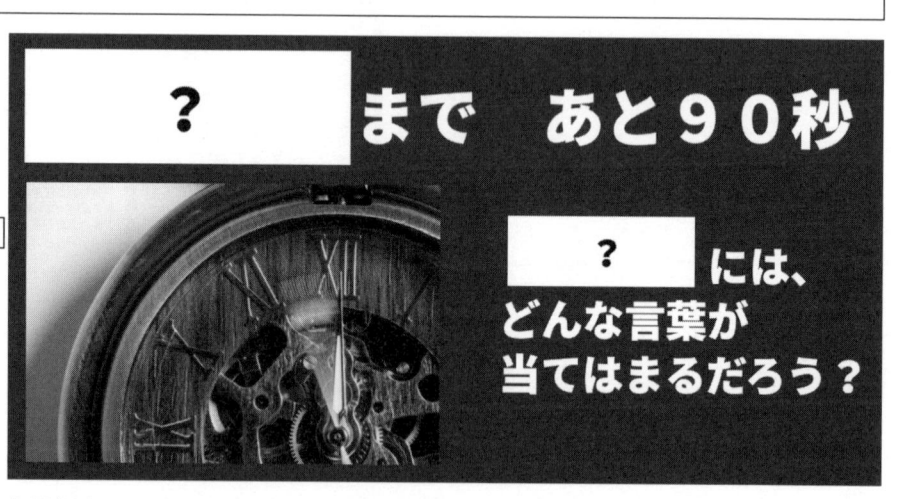

90秒」となり，過去最短となったことを発表映像を視聴した上で確認します。第二次世界大戦後が7分だったことと比較すると，その短さに危機感を抱く子も多いと考えます。そこで本時では，世界の終末時計が過去最短になった理由に着目していきます。

1 現代社会と私たちと文明
2 よりよい社会とルール
3 基本的人権と日本国憲法
4 私たちと平和主義
5 現代の民主政治と日本の政治
6 三権分立と国の政治の仕組み
7 地方自治と住民の政治参加
8 消費生活と市場経済
9 生産と労働
10 市場のしくみと金融
11 財政の役割と国民の福祉
12 これからの日本経済
13 国際社会の仕組みと平和の実現
14 これからの国際社会と私たち

💡 本時のねらい

【知識・技能】地球規模で発生している課題について理解し、国際社会の課題に着目して問いを見出すことができる。

❷ 【展開】社会的事象の意味を見出す協働（つながる）

> 思考をゆさぶる発問：なぜ世界の終末時計は過去最短となったのかな？

　展開場面では、世界の終末時計が過去最短となった理由について追究しました。子どもたちが主に着目したのは戦争や紛争です。他には、感染症の拡大や貧困問題など、子どもたちなりにこれまでの世界における課題と終末時計とを結びつけながら考える姿が見られました。

　世界の終末時計は、米科学誌「原子力科学者会報（BAS）」が毎年発表しているものですが、核開発や人工知能（AI）、気候変動などさまざまな状況をもとに人類滅亡までの時間を示しています。そのため、一人ひとりの理由を大切にしながら、多面的に考える姿を引き出していきます。

争い	核戦争の脅威	気候変動
ロシア・ウクライナの戦争など、世界では未だ争いが絶えず、多くの人々の命が犠牲になっている。	数十年にわたる軍縮協定にもかかわらず、世界には未だ約13000発の核弾頭が存在している。	2023年の世界平均気温が観測史上最高となったが、温室効果ガス排出量を削減する取り組みが不十分である。

❸ 【まとめ】探究的な学びへとつなげるふり返り（創り出す）

> 探究へつなぐ発問：国際社会の平和を実現するにはどうしたらよいかな？

　授業のまとめでは、平和の実現のために必要なことを表現する活動を位置付けました。子どもたちの考えを踏まえ、平和の実現に向けて現在の世界ではどのような取り組みが行われているのか追究していく次時の活動へつなげていきます。

> **Q.国際社会の平和を実現するにはどうしたらよいかな？**
>
> 自国の利益だけを追い求めると、他の国と衝突するし、武器があれば、簡単に人を殺すことができるから、お互いを思いやることと、武器を作らないことが大切だと思います。お互いに、困っているときは助け合い、意見がぶつかってしまったときは、順番に譲り合うことが必要だと思います。

📋 評価のポイント

・❷の場面について、地球規模の課題と終末時計の時間を関連付けて理解できているか。

13　国際社会の仕組みと平和の実現

2　国際平和の実現に向けた取り組み （1時間構成）

📖 子どもたちの作成資料

単元の問い　国際社会の平和を実現するためにどうしたらよいか？

調べるテーマ　国際連合の取組

どのような取組が行われているか？

選挙の実施、文民警察の派遣、人権擁護、難民支援から行政事務の遂行、復興開発などの平和維持活動（PKO）を実施している。
国際の平和と安全を維持するために総会や安全保障理事会を通して、国連システムの諸機関や事務所が進める活動など、テロ防止活動を調整している。
そして、核兵器の削減と撤廃、化学兵器の破壊、生物兵器の禁止、小型兵器や軽火器の拡散防止に関する条約や議定書などの多くの多国間協定を採択している。
ミレニアム開発目標を採択した。開発目標が目指していることは、極度の貧困と飢餓を撲滅すること、初等教育の完全普及を達成すること、幼児死亡率を下げること、妊産婦の健康を改善すること、環境の持続可能性を確保することなどである。
SDGsを採択。
世界人権宣言などの人権法の包括的な機構を創設した。
文化・教育の振興に取り組むユネスコ、感染症などへの保険政策（保健衛生の分野における問題に対し、広範な政策的支援や技術協力の実施、必要な援助等）を行うWHO、子供たちの権利を守るユニセフなど、さまざまな機関や補助機関がある。
IAEA（現場検証を行い、核物質が平和利用の目的から転用されないように検証）は国連傘下の自治機関として設置され、密接に連携して活動している。
その他にも、人道支援や国際法、人間の安全保障などの活動を行っている。

テーマに関連する資料

【調べたテーマについての感想】
国際連合の取り組みはSDGsやWHOなど知っている取り組みも多くありましたが、それらが実際にどのような活動をしていて、どう私たちの生活に関わっているのかはしっかり理解できていなかったので、今回調べて学ぶことができて面白かったです。また、ユニセフやユネスコ、SDGsなどの目標は授業でも取り扱うことがあり、割と身近な存在ですが、PKOなどの組織がどのように国と国が繋がって助け合っているのか知る機会もあまりなかったので、そのようなことについて調べる良い機会にもなったと思います。その一方で、PKOは武力も保有していて、矛盾しているところもあるのかなと感じました。

見方・考え方を働かせる授業デザイン

❶ 【導入】深い学びを生む「問い」（かかわる）

本時の問いへつなぐ発問：国際社会の平和を実現するにはどうしたらよいかな？

　導入では，前時に記述した「国際社会の平和を実現するにはどうしたらよいかな？」に対する考えを互いに共有し，平和の実現に向けて自分の立場を明らかにしました。

1 明たちと文 現代社会と 私たちと文

2 会とルール よりよい社

3 法と日本国憲 基本的人権 と日本国憲

4 和主義 私たちと平

5 の政治と日本 現代の民主 政治と日本

6 仕組み 三権分立と 国の政治の

7 参加 地方自治と 住民の政治

8 市場経済 消費生活と 市場経済

9 生産と労働

10 みと金融 市場のしく

11 祉と国民の役割 財政の役割 社と国民の福

12 日本経済 これからの

13 和の実現と平 国際社会の 仕組みと平

14 私たち これからの 国際社会と

本時のねらい

【知識・技能】平和の実現に向けたテーマを選択し，どのような取り組みが行われているか調べることができる。

❷ 【展開】社会的事象の意味を見出す協働（つながる）

思考をゆさぶる発問：国際平和の実現には，どのような取り組みがあるだろうか？

展開場面では，導入で確認したる視点を踏まえ，追究する３つのテーマを設定しました。テーマはそれぞれ「①領土問題の解決に向けて」「②国際連合の働き・国際協力の動き」「③国際貢献の取組」の３つです。３つのテーマをもとに，国際社会における平和の実現に向けた取り組みについて，調べたことをロイロノートに整理しました。

単元の問い：国際社会の平和を実現するためにどうしたらよいか？

調べるテーマ： **国際貢献の取組**

どのような取組が行われているか？

①政府開発援助（ODA）…「平和的に世界に貢献する」という日本外交の重要な柱の一つ。アジア諸国を中心に提供している。
→・青年海外協力隊の派遣　・経済発展や福祉の向上　・各国への災害援助
・国際機関への出資を通した支援　・PKOを通じた平和維持活動等

②NGO（非政府組織）…政府間協定によらずに作られた国際協力組織。日本にも「ピースウィンズ・ジャパン」などの組織がある。
→（発展途上国や紛争地域などにおける）・医療　・貧困対策　・農業
・技術支援　・環境保護等

→③『ステナイ生活』…身近にある使わなくなったものを、日本で売りお金に変え、バングラデシュやネパールの人々の生活支援に活かす仕組み。書き損じハガキや使用済み切手、ゲームソフトにトレーディングカード等が該当。

テーマに関連する資料

【調べたテーマについての感想】
日本には前々から、国際貢献を積極的に行っているイメージを持っていました。そのイメージの中でも、アジアを中心に活動を行っている、と言うような感じで自分が考えていた国際貢献とほとんど同じような活動を行っている団体がとても多いと感じました。他にも、③の様に国際的な団体や集団でない者でも、身近な事から始められる活動もある、ということを改めて認識しました。特に附属では、ユネスコ世界寺子屋運動や服プロジェクトなど、生徒一人単位で世界貢献ができる活動を推し進めています。そういった身近・気軽に出来る世界貢献を、もっと沢山の人に認識してもらいたいと思いました。

前時に記述した単元の問いに対する記述をもとに、国際社会における平和を実現に向けた取組について、調べたことをロイロノートにまとめる。

①領土問題の解決に向けて
②国際連合の働き、国際協力の動き
③国際貢献の取組

評価のポイント

・②の場面について，テーマをもとに国際平和の実現に向けた取り組みを調べることができているか。

13 国際社会の仕組みと平和の実現

3 戦車にも「UN」のマーク？

（1時間構成）

板書

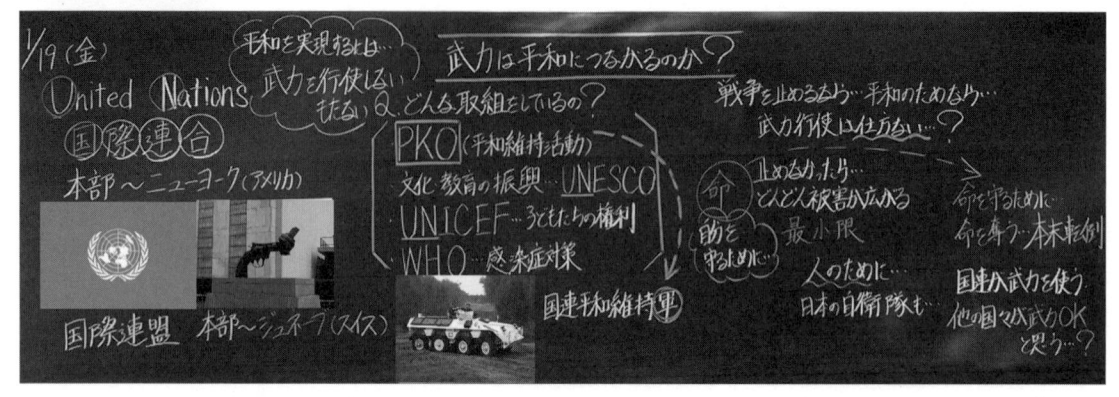

見方・考え方を働かせる授業デザイン

❶ 【導入】深い学びを生む「問い」（かかわる）

導入では，United Nations（国際連合）が世界の平和と安全を維持することを目的としていることを確認した上で，右の資料のように一部を隠して戦車の写真を提示します。「？」に当てはまるのは「UN（United Nations の略）」です。子どもたちは，平和や安全を維持するはずの国際連合が武力を保有

Q.「？」には何が書かれている？

していることに疑問をもちます。本時では，こうした疑問を引き出し，問いへつなげました。

1 現代社会と私たちと文明

2 よりよい社会とルール

3 基本的人権と日本国憲法

4 私たちと平和主義

5 現代の民主政治と日本の政治

6 三権分立と国の政治の仕組み

7 地方自治と住民の政治参加

8 消費生活と市場経済

9 生産と労働

10 市場のしくみと金融

11 財政の役割と国民の福祉

12 これからの日本経済

13 国際社会の仕組みと平和の実現

14 これからの国際社会と私たち

💡 本時のねらい

【思考・判断・表現】国際連合が武力を保有していることについて話し合うことを通して，武力と防衛・平和とのつながりについて自分の考えを述べることができる。

❷ 【展開】社会的事象の意味を見出す協働（つながる）

思考をゆさぶる発問：武力は平和につながるのかな？

　展開場面では，平和と安全を掲げる国際連合が武力を保有する事実をもとに，武力と防衛・平和とのつながりについて話し合います。話し合いの途中で「戦争を止めるなら，武力行使は仕方ないということかな？」などと問い返すことで，子どもたちの考えを深めていくようにしました。以下に，それぞれの立場の子どもたちの考えを示します。

武力は平和につながることもある	武力は平和につながらない
・戦争を止めなければ，被害がどんどん広がってしまう。 ・被害を最小限にするには，武力行使もやむを得ない。目的が攻撃ではなく，命を守ることであるならよいのではないか。	・命を守るために命を奪うのは本末転倒ではないか。 ・国連が武力を使用してしまうと，他の国々も武力を用いることは仕方ないことだと考えることにつながるかもしれない。

❸ 【まとめ】探究的な学びへとつなげるふり返り（創り出す）

探究へつなぐ発問：武力は平和につながると言えるだろうか？　自分の考えを書こう。

　授業のまとめでは，話し合いを通して，「武力は平和につながるのか？」について改めて自分の考えを記述しました。正解のない問いではありますが，話し合いを通して考えを深める子どもの姿を目指しました。

> **Q.武力は平和につながるのか？**
>
> 　武力は、使い方によっては平和に繋がるきっかけになると思う。そして、武力を持たないことは必ずしも正義にはならないと思う。人が集団でいれば、必ず争いが起こる。その争いを止めるためには合意が必要かもしれないけれど、それが戦争単位になってきてしまうと、それだけでは済まなくなってしまいます。その時には武力を用いて、争いを止めること・抑えることは、時として必要なことだと思う。

📋 評価のポイント

・❷❸の場面について，武力と平和とのつながりを自分なりに表現することができているか。

4　69年も支援を続ける理由とは?!

（1時間構成）

 **板書**

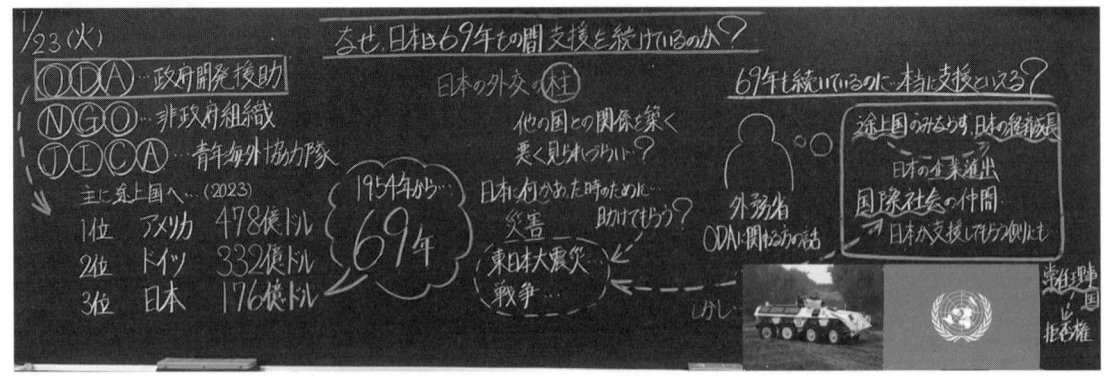

見方・考え方を働かせる授業デザイン

❶ 【導入】深い学びを生む「問い」（かかわる）

本時の問いへつなぐ発問：176億ドルは日本円にするといくらだろう？

本実践は，中村祐哉氏の実践を参考にしています。導入では，176億ドルと板書し，「176億ドルは日本円だといくら？」と問うと，子どもたちは端末で調べたり，計算したりすると考えます。日本円にすると，実に2兆6000億円（授業時点）です。その上で，この金額を1年でODAとして支援していることや，支援を69年続けている事実を確認します。「こんなに?!」などの子どもの反応をもとに，展開へつなげます。

ODA　支援金額（2023）		
1	アメリカ	478億ドル
2	ドイツ	332億ドル
3	日本	176億ドル

日本円にすると…
約2兆6000億円！

1 現代社会と私たちと文明

2 よりよい社会とルール

3 基本的人権と日本国憲法

4 私たちと平和主義

5 現代の民主政治と日本の政治

6 三権分立の国の政治の仕組み

7 地方自治と住民の政治参加

8 消費生活と市場経済

9 生産と労働

10 市場のしくみと金融

11 財政の役割と国民の福社

12 これからの日本経済

13 国際社会の仕組みと平和の実現

14 これからの国際社会と私たち

💡 **本時のねらい**

【思考・判断・表現】国際協力の意義について，日本が受けてきた支援や長期的な視点での日本の発展などの側面を踏まえて，多面的に説明することができる。

❷ 【展開】社会的事象の意味を見出す協働（つながる）

> 思考をゆさぶる発問：なぜ日本は69年以上もの間，支援を続けているのだろう？

　展開場面では，日本が支援を続ける理由について話し合います。子どもたちは，日本が国際協力を行う必要性について「戦争」や「災害」といった視点で考える姿が見られました。特に，災害については，子どもたちもニュース等で日本が海外から支援を受けたことを知っているため，着目する子が多くいました。子どもたちとのやりとりを以下に示します。

> S：日本は戦争で他の国々に被害を与えたから，一層協力していこうという思いがあるんじゃないかな？
> S：東日本大震災のときには，多くの国から支援してもらったと聞いたことがあるよ。
> T：東日本大震災とODAにもつながりがあるの？
> S：恩返しみたいな感じで，日本が助けられた分，他の国も支援しようということだと思う。

❸ 【まとめ】探究的な学びへとつなげるふり返り（創り出す）

> 探究へつなぐ発問：支援は大切だけれど，69年以上も支援を続ける必要はあるのかな？

　授業のまとめでは，外務省のODAに関わる方のインタビュー資料を用いました。インタビューを通して，長期的に見ると日本の発展につながることに気付く姿が見られました。実際の声を取り上げることで，遠い国への支援であっても，心の距離を近づけることができます。

ODAに関わる方にインタビュー（抜粋）

…世界各国と持ちつ持たれつの関係にある日本にとって，経済成長の著しい途上国との経済関係を深めながら，途上国のみならず日本の経済成長を後押しするための手段としてもODAは大きな力になります。たとえば，ODAによって港や輸送路などが整えられれば，日本の企業が進出しやすくなったり，日本との貿易が盛んになったりして，日本のビジネスにとっての機会が増します。

　同時に，目先のことばかりでなく，長い目で考えることも大切です。たとえば，アフリカ諸国への支援が日本の国益に直接結びつくとは限りません。しかし，その地域が安定し，人々が安心して生活を送れるようになれば，日本製品を買えるほど経済力をつけることになるかもしれません。ワクチン配布等により衛生状態を改善することを通じ，子どもたちが健康に育つことで，日本の進出企業にとって貴重な労働力につながることもあるでしょう。途上国の平和や経済発展を支援することは，日本の安全や繁栄を守るのに役立つことになるのです。…

📈 **評価のポイント**

・②③の場面について，歴史的背景や今後の日本の経済発展を踏まえて，説明することができているか。

14 これからの国際社会と私たち

1 1日210円で生活してと言われたら （1時間構成）

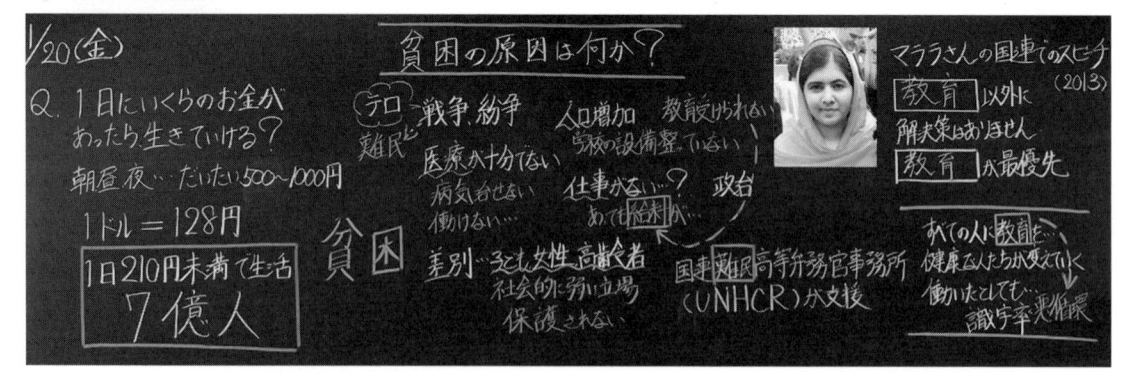

見方・考え方を働かせる授業デザイン

❶ 【導入】深い学びを生む「問い」（かかわる）

> 本時の問いへつなぐ発問：1日にいくらのお金があったら生きていけるだろう？

導入では，「1日にいくらのお金があったら生きていけるだろう？」と問いました。子どもたちの多くは1000円ほどという意見でしたが，日本の平均は約2000円だと伝えました。その上で，世界では1日に210円未満で生活する人が約7億人いる事実を伝えました。実に，日本の平均の10分の1ほどです。貧困の人たちがこれだけいる現状を踏まえ，本時の問いへつなげていきました。

1 現代社会と私たちと文化
2 よりよい社会とルール
3 基本的人権と日本国憲法
4 私たちと平和主義
5 現代の民主政治と日本の政治
6 三権分立と国の政治の仕組み
7 地方自治と住民の政治参加
8 消費生活と市場経済
9 生産と労働
10 市場のしくみと金融
11 財政の役割と国民の福祉
12 これからの日本経済
13 国際社会の仕組みと平和の実現
14 これからの国際社会と私たち

💡 本時のねらい

【思考・判断・表現】貧困の原因について，発展途上国における戦争や紛争，教育，医療などの状況をもとに説明することができる。

❷ 【展開】社会的事象の意味を見出す協働（つながる）

思考をゆさぶる発問：貧困の原因は何だろう？

展開場面では，貧困の原因について，発展途上国における戦争や紛争，教育，児童労働などの側面を踏まえ多面的に考えていきます。貧困の解決は決して簡単なものではなく，さまざまな要因が関係しています。そのため，多面的な考えを引き出すとともに，「戦争と貧困はどのようなつながりがあるのかな？」などと問い返しながら，子どもたちが表現したことが貧困にどのような関連があるのか整理していきます。また，展開の終盤では難民を救うためにUNHCRも国連に置かれていることを確認した上で，未だ問題は解決していない事実を共有しました。

戦争・紛争	不十分な学校教育	児童労働
紛争や内戦により多くの人々が戦火を逃れるために難民になったり，少年兵にさせられたりしている。	十分な教育を受けられないまま働くため，収入のよい職に就くことができない貧困のループが発生。	家計を支えるため，過重労働や児童労働を強いられている。幼くして働くため教育が受けられていない。

❸ 【まとめ】探究的な学びへとつなげるふり返り（創り出す）

探究へつなぐ発問：マララさんは貧困問題の解決に向けて国連で何を語ったのかな？

授業のまとめでは，マララさんが国連のスピーチで貧困問題の解決に向けて語った言葉を資料化して提示します。「教育」が当てはまることを確認した上で，実際のスピーチの映像を視聴しました。

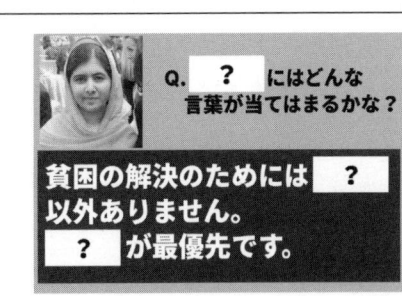

Q. ? にはどんな言葉が当てはまるかな？

貧困の解決のためには ? 以外ありません。 ? が最優先です。

📋 評価のポイント

・②の場面について，貧困と発展途上国における課題を関連付けて説明することができているか。

14　これからの国際社会と私たち

2　回転寿司店の社長が海賊を0に！

（1時間構成）

 **板書**

見方・考え方を働かせる授業デザイン

❶　【導入】深い学びを生む「問い」（かかわる）

> 本時の問いへつなぐ発問：（海賊の写真を提示）この人たちはどんな人？

　導入では，ソマリア沖の海賊の写真を提示し，「この人たちはどんな人？」と問いました。ソマリア沖では，1991年に勃発した内戦により，生活が苦しい漁師たちは海賊行為を行っていました。この地域では，年間300件ほど海賊による被害があったそうです。そんな海賊行為を「0」にしたのが木村社長です。こうしたすしざんまい木村社長のエピソードをもとに本時の問いへつなげていきました。

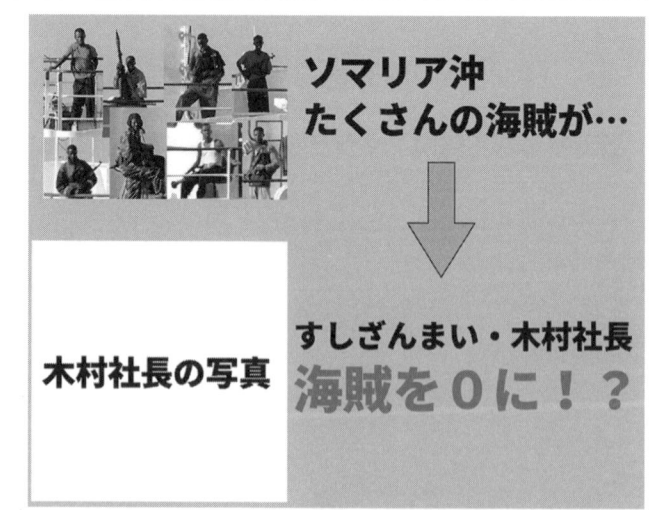

1 現代社会と
私たちと文
明

2 よりよい社
会とルール

3 基本的人権
法と日本国憲

4 私たちと平
和主義

5 現代の民主
の政治と日本
政治

6 三権分立と
国の政治の
仕組み

7 地方自治と
住民の政治
参加

8 消費生活と
市場経済

9 生産と労働

10 市場のしく
みと金融

11 財政からの役割
と国民の福
社会

12 これからの
日本経済

13 国際社会の
仕組みと平
和の実現

14 これからの
国際社会と
私たち

💡 本時のねらい

【思考・判断・表現】木村社長が海賊被害を０件にした理由について話し合うことを通して，国際社会の経済格差を解決する方策について説明することができる。

❷ 【展開】社会的事象の意味を見出す協働（つながる）

思考をゆさぶる発問：木村社長はどうやって海賊を「０」にしたのかな？

展開場面では，木村社長が海賊行為をどのようにしてなくしたのか，教科書を手がかりに予想した上で，木村社長のインタビュー映像を視聴し，話し合いをしました。ソマリア沖はキハダマグロの好漁場でした。好漁場であることから，木村社長が海賊たちを漁師として雇ったことで，安定した収入を得ることができるようになり海賊行為はなくなったと言われています。

ソマリア沖での木村社長の活動

・現地の漁協を通じて漁民に漁業指導をした。
・日本から中古漁船を持ち込むなどして，漁船を支援した。
・海賊にならずに済む方法を模索するとともに，現地の人との話し合いを大切にした。

❸ 【まとめ】探究的な学びへとつなげるふり返り（創り出す）

探究へつなぐ発問：国際社会の課題の解決に向けて，どのような取り組みがあるかな？

木村社長の営みをSDGs17の目標に照らし合わせたとき，１番や２番と関連していると多くの子は考えました。海賊たちの生活を救った行動は，まさに貧困の解決につながると考えます。授業のまとめでは，日本における木村社長のような世界の課題の解決につながる行動を調べる活動を位置付けました。

6番目の目標：
安全な水とトイレを世界中に
水道の設備がない暮らしをしている人は22億人以上，トイレがなく道ばたや草むらなど屋外で用を足す人は4億1,900万人います。

伊藤園での
具体的な
取り組み

薬剤を使わず温水だけで容器内を殺菌できる仕組みを導入することで、薬剤を洗い流すための余分な水の使用を削減することに成功しました。
また、冷却や洗浄に使用した水を適切な用途で再利用し、節水に取り組んでいます。

📈 評価のポイント

・②の場面について，経済格差をなくすための木村社長の行動をもとに説明することができているか。

3　持続可能な未来を築くために私たちができること （1時間構成）

子どもが作成した単元のまとめ

見方・考え方を働かせる授業デザイン

1 現代社会と私たちと文明
2 よりよい社会とルール
3 基本的人権と日本国憲法
4 私たちと平和主義
5 現代の民主の政治と日本
6 三権分立と国の政治の仕組み
7 地方自治と住民の政治参加
8 消費生活と市場経済
9 生産と労働
10 市場のしくみと金融
11 財政の役割と国民の福社
12 これからの日本経済
13 国際社会の仕組みと平和の実現
14 これからの国際社会と私たち

💡 本時のねらい

【思考・判断・表現】持続可能な未来に向けて取り組まれていることをもとに，よりよい社会を築くために大切にしたい考えを表現することができる。

【展開】社会的事象の意味を見出す協働（つながる）

> 思考をゆさぶる発問：よりよい未来を築くために，大切にしたいことは何ですか？

　展開場面では，SDGs17の目標の中で大切にしたいものを選び，活動や自分の考えをまとめる活動を位置付けました。改めて自分の考えを記述することで，未来に向けてその子なりのこだわりを表せるようにしました。

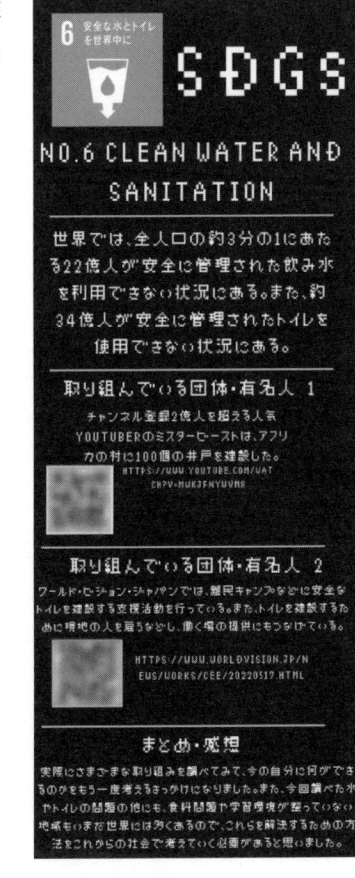

📋 評価のポイント

・【展開】の場面について，SDGs17の目標を踏まえて，自分なりの考えを表現することができているか。

お わりに

　私が教員として初めて教科担任を受け持った頃のことを思い返すと，子どもたちとの授業の中で多くの悩みや葛藤を抱えていた日々がよみがえります。時間をかけて計画した授業が思うように子どもたちに響かず，発言するのは毎回決まった数名だけ。熱心に取り組んでいるつもりでも，どこか子どもたちとの距離を感じる授業ばかりでした。

　当時の私は，「子どもにとって本当に学びがいのある授業とは何か」を深く考えることなく，形式的に授業を進めていたのだと思います。授業内容に関係のない雑談で場を和ませようとしたり，楽しい雰囲気さえあればいいと考えたりしていたこともありました。しかし，その姿勢では本当に心を動かされる学びにはつながらないことに気付かされたのです。

　そんな中で，先輩方の授業を見る機会が私の転機となりました。先輩方に共通していたのは，子どもたちが自然と授業に引き込まれ，教科の本質に触れる学びを体験していたことです。その姿を目の当たりにし，私は「よい授業」を目指す決意を新たにしました。自分の授業を見てもらい，アドバイスを受けながら改善を重ねる日々。そして，社会科を中心に多くの教育書に触れる中で，授業研究の大切さに気付きました。この体験が，現在の私の実践の原点となっています。

　本書が，多くの先生方の日々の授業づくりの参考となり，少しでも新しい視点や気付きを提供できれば，これ以上の喜びはありません。私自身もまだまだ未熟であり，よりよい授業を追究するために学び続けていきたいと思っています。本書を手に取ってくださった先生方が，「こんな風に授業をアレンジしてみました」といったご意見や実践の報告をしてくださる日が訪れることを心から願っています。

　最後に，本書の発行にご尽力いただいた及川誠さん，校正を手がけてくださった編集部のみなさん，そしてこれまでご指導いただいた全ての先生方に，心より感謝申し上げます。

澤田　康介

参考文献一覧

- 上田薫著『ずれによる創造：人間のための教育』黎明書房，1993年
- 安井俊夫著『歴史の授業108時間　上：導入・発問・プリント資料』地歴社，1990年
- 有田和正著『指導力アップ術④　学習技能を鍛えて「追究の鬼」を育てる』明治図書出版，2003年
- 宗實直樹著『深い学びに導く社会科新発問パターン集』明治図書出版，2021年
- 中村祐哉著『板書＆問いでつくる「社会科×探究」授業デザイン』明治図書出版，2022年
- 宗實直樹著『社会科授業サポートBOOKS　社会科の「つまずき」指導術　社会科が面白いほど好きになる授業デザイン』明治図書出版，2021年
- 藤井千春著『社会科教育全書33　問題解決学習のストラテジー』明治図書出版，1996年
- 由井薗健・粕谷昌良監修／小学校社会科授業づくり研究会編著『小学校社会科　Before&Afterでよくわかる！子どもの追究力を高める教材＆発問モデル』明治図書出版，2017年
- 由井薗健著『一人ひとりが考え，全員でつくる社会科授業』東洋館出版社，2017年
- 川端祐介著『川端裕介の中学校社会科授業　見方・考え方を働かせる発問スキル50』明治図書出版，2021年
- 朝倉一民著『主体的・対話的で深い学びを実現する！　板書＆展開例でよくわかる　社会科授業づくりの教科書　6年』明治図書出版，2018年
- 橋本康弘編著『中学公民　生徒が夢中になる！アクティブ・ラーニング＆導入ネタ80』明治図書出版，2016年
- 北村明裕著『子ども熱中！中学社会「アクティブ・ラーニング」授業モデル』明治図書出版，2015年
- 峯明秀・西口卓磨編著『社会科授業にSDGs挿入ネタ65』学芸みらい社，2022年
- 峯明秀編『中学校社会科"アクティブ・ラーニング発問"174』学芸みらい社，2016年
- 全国民主主義教育研究会著『今日からできる　考える「公共」70時間』清水書院，2020年
- 全国民主主義教育研究会著『社会とつながる探究学習　生徒とともに考える22のテーマ』明石書店，2023年
- 野村美明・江口勇治・小貫篤・齋藤宙治編著『話し合いでつくる　中・高　公民の授業　交渉で実現する深い学び』清水書院，2018年
- 歴史教育者協議会編著『明日の授業に使える中学校社会科　公民［第2版］』大月書店，2022年
- 河原和之著『100万人が受けたい「中学公民」ウソ・ホント？授業』明治図書出版，2012年
- 河原和之著『続・100万人が受けたい「中学公民」ウソ・ホント？授業』明治図書出版，2017年
- 河原和之著『100万人が受けたい！見方・考え方を鍛える「中学公民」　大人もハマる授業ネタ』明治図書出版，2019年
- 河原和之著『100万人が解きたい！見方・考え方を鍛える中学公民ワーク』明治図書出版，2021年
- 梶谷真弘編著『中学校社会サポートBOOKS　見方・考え方を鍛える！学びを深める中学公民授業ネタ50』明治図書出版，2024年

【著者紹介】

澤田　康介（さわだ　こうすけ）

1993年生まれ。小学校教諭を経て，現在北海道大学附属釧路義務教育学校後期課程教諭。2023年度ソニー子ども科学教育プログラム「未来へつなぐ教育計画」にて入選，第59回2023年度「実践！わたしの教育記録」にて入選などの受賞歴がある。共著に『STEP UP 全学年対応社会科授業アイデア』『小学５年の絶対成功する授業技術』『社会科「個別最適な学び」授業デザイン　事例編』（以上，明治図書）などがある。Facebook「社会科授業づくり倶楽部」を運営。

見方・考え方を働かせる！
板書＆展開例でよくわかる
中学公民授業づくりの教科書

2025年3月初版第1刷刊 ©著　者	澤　　田　　康　　介
発行者	藤　　原　　光　　政
発行所	明治図書出版株式会社

http://www.meijitosho.co.jp
（企画）及川　誠（校正）杉浦佐和子
〒114-0023　東京都北区滝野川7-46-1
振替00160-5-151318　電話03(5907)6703
ご注文窓口　電話03(5907)6668

＊検印省略　　　　　　　組版所 藤　原　印　刷　株　式　会　社

本書の無断コピーは，著作権・出版権にふれます。ご注意ください。

Printed in Japan　　　　　　　ISBN978-4-18-329628-3

もれなくクーポンがもらえる！読者アンケートはこちらから →

粕谷昌良の「考えたくなる」社会科授業

粕谷昌良 著

「子どもが進んで考えたくなる」社会科授業づくりの秘訣が満載！

「子どもが進んで考えたくなる」社会科授業づくりのポイントを，徹底解説。子どもの見取りから単元の授業デザイン，問いの吟味から学習の複線化，学習評価までを網羅。多様な価値観への理解と視野がひろがる，社会科授業づくりの「はじめの一歩」となる入門書です。

A5 判　184 頁
定価 2,200 円（10%税込）
図書番号 2635

見方・考え方を鍛える！学びを深める
中学社会授業ネタ50

梶谷真弘 編著

楽しみながらどんどん力がつく！中学社会おすすめ授業ネタ50選

授業に求められる本質は，「学びたくなる」「全員が参加できる」「力をつける」の３つです。単に面白いだけの授業ネタではなく，見方・考え方を鍛え，学びを深める授業ネタを！中学校３分野の単元別に，すぐ使える魅力的な授業ネタを 50 本収録した必携の１冊です。

中学地理
A5判 128 頁 定価 1,980 円（10%税込）図書番号 3597
中学歴史
A5判 128 頁 定価 1,980 円（10%税込）図書番号 3598
中学公民
A5判 128 頁 定価 1,980 円（10%税込）図書番号 3599

スペシャリスト直伝！
社会科授業力アップ成功の極意
学びを深める必須スキル

佐藤正寿 著

社会科授業づくりの秘訣がぜんぶわかる！

好評のスペシャリスト直伝！シリーズ「社会科授業力アップ」編。学びを深める必須の授業スキルを，教材研究と多様な学びの生かし方もまじえて，授業場面を例にはじめの一歩から丁寧に解説。授業のスペシャリストが子どもが熱中する授業の極意を伝授する必携の１冊です。

A5 判　136 頁
定価 1,760 円（10%税込）
図書番号 2899

STEP UP
全学年対応 社会科授業アイデア

**石井英真・由井薗 健 監修／
子どもとつくる社会科授業研究会 著**

社会科がもっと好きになる！ワンステップ高める楽しい授業づくり

「社会科をもっと好きに」「もっと楽しい授業に」という願いを実現する！あと一歩ステップアップするための社会科授業アイデア集。学年別・単元別に，子どもをひきつける教材づくりや熱中する学習方法，ワンステップ高めるポイントと具体的な授業プランをまとめました。

A5 判　208 頁
定価 2,376 円（10%税込）
図書番号 3788

明治図書　携帯・スマートフォンからは **明治図書 ONLINE へ**　書籍の検索、注文ができます。▶▶▶

http://www.meijitosho.co.jp ＊併記４桁の図書番号（英数字）でHP、携帯での検索・注文が簡単に行えます。

〒114−0023　東京都北区滝野川 7−46−1　ご注文窓口　TEL 03−5907−6668　FAX 050−3383−4991